AVIA B 534

...ní vraný

MBI

Vydalo / Published by

nakladatelství
Publishing House
MBI
Miroslav Bílý

Kocianova 1588, 155 00 Praha 5, Česká republika/Czech Republic

Děkuji všem, kteří pomohli vytvořit tuto publikaci. Zvláštní dík patří pánům - ing. Petru Antošovi, ing. Jaroslavu Janečkovi plk. čs. letectva v. v., plk. ing. Vladimíru Remkovi, Petru Petrickovi (NSR), Marku D. Tuffieldovi (Anglie) a Jaroslavu Zazvonilovi.

I would to thank to all individuals who helped to create this publication. Special thanks are going to Mr. Petr Antoš, Mr. Jaroslav Janečka Col. Czech AF Ret., Mr. Peter Petrick (Germany), Col. Vladimir Remek, Mr. Mark D. Tuffield (UK) and Mr. Jaroslav Zazvonil, in alphabetical order.

Nakladatel/Publisher

Letiště Praha–Kbely 5. června 1975. První pojíždění obnovené Avie B–534 s označením 34. letky 1. slp T. G. Masaryka (H6). (foto ing.J. Janečka, plk. v.v.)
Prague–Kbely airfield, 5th June 1975. The first taxying of the rebuilt Avia B–534 in colours of the 34th letka of the 1st stíhací letecký pluk T.G.Masaryka (H6). Photo Col. J. Janečka, CSAF, (Ret.).

Avia B-534

© ing. VRANÝ, Jiří

Překlad/Translation	© VELEK, Martin
Titulní strana/Title page	© MARTÍNEK, Vít
Barevné kresby/Colour plates	© BALOUS, Miroslav
	BÍLÝ, Miroslav
Výkresy/Scale drawings	© ing. ANTOŠ, Petr
Kresby/Line drawings	© ing. OVČÁČÍK, Michal
	BÍLÁ, Marcela
	BÍLÝ, Miroslav

Sazba BEDA DTP, Bedřich Morstein

Všechna práva vyhrazena - All Rights Reserved
1. vydání/First Edition, Praha, 1994
Printed in Czech Republic

ISBN 80-901263-6-7

Použitá literatura/Bibliography:

Archiválie
VHA - fondy Letecký pluk 1 až 6, Vojenské letecké učiliště, Velitelství Štefánik, Rejstřík MNO - ročníky 1935 až 1939, Velitelstvo vzdušných zbraní, nezařazený materiál.
SÚA - fondy Ministerstva veřejných prací a Prezidium ministerstva vnitra.
NTM Brno - pozůstalost ing. J. Krumbacha

Publikace
K. Cièslak : Samolot mysliwski Avia B.534, TBiU č. 34, Warszawa 1975
W. Green : War Planes the second World War, Volume one, London 1969
J. Krybus : The Avia B.534, Profile No.152, London 1967
V. Němeček : Československá letadla 1918 - 1945, Praha 1983
J. Modrovitch : Tri Duby, Praha 1975
D. Slavkovský : Vo vzduchu i na zemi, Bratislava 1969

Periodika
Letectví a kosmonautika (zejména monografie B-534, č.1 a 2) 1971, Československá křídla, č.1 až 26 r.1975, č.1 až 26 r.1976 a č.1 až 16 r.1977, Několik poznámek k tzv. sériím letounu B-534, č.1 a 2 r.1985, Křídla vlasti (Slavná Československá letadla, Avia B-534, č.6 r.1963.

Sdělení a údaje
Ing. Š. Androvič, pplk. J. Franta, plk. M. Guljanič, plk. J. Hlaďo, D. Jovanovič, J. Konvička, ing. J. Krumbach, V. Němeček, plk. J. Skopal, plk. M. Šinglovič, J. Rajninec.

AVIA B-534

Ing. Jiří Vraný

Avia a její letouny

Továrna Avia se vypracovala na pozici hlavního a nakonec de facto monopolního dodavatele stíhaček pro vojenské letectvo meziválečného Československa z velice skromných začátků.

V létě 1919 založili ing. Pavel Beneš a obchodník Václav Malý v pražské čtvrti Vysočany dílnu na výrobu a opravu letadel. Záhy k nim jako společníci přistoupili ing. Miroslav Hajn a další technik J. F. Koch. Zatímco Kochovým hlavním zájmem byly motocykly, jejichž konstrukci se později plně věnoval a Malý se zabýval hlavně finanční stránkou podniku, Beneš s Hajnem propadli kouzlu létání již jako studenti před první světovou válkou. Začínali jako modeláři a letečtí publicisté, sbírali teoretické i praktické poznatky a když nyní měli vlastní podnik, nebylo pro ně problémem shromáždit kolem něj řadu dalších nadšenců. Horší to bylo s penězi. Množstvím stačily na stavbu kluzáku Benešovy konstrukce v létě 1919, ale ne už na zakoupení vhodného motoru pro první motorový letoun Avie, označovaný BH–Exp. a později BH–1 Exp. (tzn. experimental). Letoun byl zalétán začátkem října 1920, krátce před mezinárodní leteckou výstavou v Praze, kde vzbudil mimořádnou pozornost. Jako jediný zde vystavovaný jednoplošník totiž navzdory tehdejším představám vykazoval dokonce i se slabým a dost opotřebovaným motorem velice dobré letové vlastnosti. Proto také Avia dostala od prezidenta republiky, jakožto protektora výstavy, podporu Kč 100.000,– na další vývoj.

Získané prostředky Avia využila na zaplacení dosavadních nákladů a něco zbylo i na silnější, byť už téměř vysloužilý motor. Ten umožnil přestavět letoun na verzi BH–1bis, která opět slavila úspěchy v soutěžích i na výstavách. Zisky však nepřinesla a o finanční situaci firmy hovoří výmluvně skutečnost, že postavený drak "ultralightu" BH–2 nikdy nevzlétl, neboť na koupi motoru nebylo ...

Avia company and its aircraft

Starting from very humble beginnings, the Avia Company worked its way up to a position of the foremost and ultimately the primary supplier of fighter aircraft for the Czechoslovak Air Force in the years between the WWI and WWII.

In the summer of 1919 Ing. Pavel Beneš and businessman Václav Malý founded a workshop in the Vysočany quarter of Prague for the manufacture and repair of aircraft. Soon Ing. Miroslav Hajn and another technician, J. F. Koch, joined the company as partners. While Koch's main interest was the motor–cycles, whose design was to become his principal occupation, Malý's main job was that of financial control of the company; Messrs Beneš and Hajn already in their student years before the WW I became lost to the spell of flying. They started as aero modellers and aviation authors, gathering theoretical and practical knowledge and, once possessing their own company, it was not a big deal for them to get a gang of other enthusiasts. The money were more of a problem. They have got enough koruny (crowns) to build a glider to Beneš's design, but not enough to buy a suitable engine for the Avia's first powered aeroplane, designated BH–Exp. and later BH–1 Exp. (i.e. experimental). The aeroplane was flown for the first time at the beginning of October 1920, shortly before the international aero exhibition, held in Prague, where it aroused an extraordinary interest. Being

---

Avia B–534 čtvrté "verze" ve stavu 42. letky 4. stíhacího leteckého pluku. (sbírka J. Janečky)
Avia B–534 of the fourth version serving with the 42th letka of the 4th stíhací pluk (Ing. J. Janečka's collection)

Společníci Avie se během jediného roku natolik finančně vyčerpali, že jim nezbylo než firmu prodat. Po neúspěšných jednáních se Škodovými závody ji v létě 1921 koupil Miloš Bondy. Značka však zůstala zachována a šéfkonstruktéry byla i nadále dvojice Beneš – Hajn, což se odráželo ve firemním označování typů iniciálami BH.

Oba se snažili uplatňovat především koncepci vzpěrového dolnoplošníku, jejímiž byli přesvědčenými stoupenci a která prokázala svou životaschopnost v případě BH–Exp. a BH–1bis. Navázali na ni především řadou jednomístných i dvoumístných sportovních, spojovacích a cvičných letounů BH–5, BH–9, BH–10, BH–11, BH–12 a BH–16, jež si získaly značnou popularitu. Některé z nich sloužily i u vojenského letectva pod označením B–9, B–10 a B–11, neboť pro vlastní i licenční letouny firmy Avia se ve vojenském označování ustálil kód "B". Dílna se postupně rozrůstala na skutečnou továrnu.

V prosinci 1922 také vojenské letectvo objednalo deset stíhaček BH–3 jako B–3, odlišných od typu BH–4 pouze motorem. S jejich službou však byly značné problémy. Ačkoli se ve dvacátých letech vzpěrový dolnoplošník jako lehký sportovní, cvičný a dokonce akrobatický letoun již osvědčoval, pro službu u stíhacích útvarů však dosud nebyl vyzrálý. Vážné nehody BH–3 spolu s havárií prototypu BH–19 dne 7. 8. 1924 vedly ministerstvo národní obrany ke stažení objednávky 66 kusů dolnoplošných stíhaček B–19.

the sole monoplane exhibited there, it has shown that contrary to the then current ideas it was possible for such a design to deliver very good flight characteristics even with a low–powered and quite tired engine. Because of this the Avia company received Kč 100 000,– (Czechoslovak Crowns) as a subsidy and support for further development from the protector of the exhibition, the President of Czechoslovakia, T.G.Masaryk.

The money thus received were used by Avia to pay for the existing costs and what was left over to buy an almost worn out (again !), but more powerful engine. This made possible to rebuild the aeroplane into the Avia BH–1bis which again celebrated successes at contests and exhibitions. Nevertheless, it brought no profit and the fact that the completed airframe of the Avia BH–2 "ultralight" never took to the air because of lack of funds for an engine to power it, spoke volumes of the financial situation of the company...

The partners of the Avia were so drained of funds during the year that there was no way out for them other than to sell the company. After the unsuccessful negotiations that the Avia company had with the Škoda Works, an entrepreneur, Mr. Miloš Bondy, bought the company in summer of 1921. The trademark was kept, nevertheless, as was the pair of chief designers, who continued to give the coming types of Avia its BH initials as company designation. Both designers strove to prove the mettle of the braced, low–wing monoplane concept, whose they were staunch supporters and

Dvoumístný zkušební letoun Avia BH–1bis z roku 1921 s rotačním motorem Gnôme "Omega" o výkonu 35 kW (48 k)
Two–place experimental Avia BH–1bis of 1921 with Gnôme "Omega" of 35 kW (48 kW)

Stíhací letoun Avia BH–3 z roku 1921, první dolnoplošník ve výzbroji čs. letectva
Avia BH–3 of 1921, the first low–wing monoplane equipping the Czechoslovak Air Force

Nejúspěšnější čs. stíhací letoun 20. let – Avia BH–21 z roku 1924. (sbírka J. Janečky)
The most successful Czechoslovak fighter of the twenties –the Avia BH–21 of 1924. (J. Janečka's collection)

Avia však již 12. května 1923 zalétala stíhací dvouplošník BH–6, jehož vývoj vojenské letectvo zadalo 4. prosince 1922 spolu s objednávkou série BH–3. Čtyři dny po zalétnutí byl ale prototyp zničen při havárii a z finančních ztrát s tím spojených se továrna zachránila jen díky pochopení MNO (Ministerstvo národní obrany), které navíc zadalo stavbu dalšího prototypu, BH–8. Stroj byl zalétán 5. září 1923 a po delších zkouškách objednán 18.června 1924 pro vojenské letectvo v upravené verzi B–17.

which proved its viability in case of the BH–Exp. and BH–1bis. They followed these aircraft especially with the low–winged BH–5, BH–9, BH–10, BH–11, BH–12 and BH–16, a line of single– and two–place sporting, liaison and training aircraft that had won a considerable popularity. Some of them were used by the Air Force as the B–9, B–10 and B–11, as for the Avia aircraft, original or licence–built, the B– code was eventually standardized. The humble workshop gradually developed and grew into a real factory. In December 1922 the Air Force ordered (under a B–3 designa-

Nahoře: Avia BH–33E a Ba–33 (oba z roku 1929) před rozestavěným hangárem na letišti Praha–Kbely.(sbírka J.Janečky)
Above: The Avia BH–33E and the Ba–33 (both machines of 1929) on the background of the yet unfinished hangar at the Prague–Kbely airfield. (J. Janečka's collection)

Akrobatický letoun Avia B–122 z roku 1934 spjatý s nejvýznamnějšími úspěchy našich pilotů v letecké akrobacii.
Avia B–122 of 1934 was closely associated with the successes of Czechoslovak pilots in aerobatic flying

Výroba typu B–17 sice činila pouhých 24 kusů, nicméně se stala přímým předchůdcem proslulé BH–21, jejíž prototyp vzlétl 24. února 1925. Od června tétož roku přicházely k útvarům sériové B–21, jichž československé vojenské letectvo odebralo celkem 137 kusů. Další dva stroje Avia vyrobila pro vlastní potřebu. Jeden z nich se stal vzorovým exemplářem pro licenční výrobu typu BH–21 v Belgii, kde jich v letech 1927 a 1928 tamní továrny SABCA a SEGA postavily dalších čtyřiačtyřicet.
Druhý kus posloužil jako zkušební letoun pro vývoj řady modifikací odvozených ze základního typu BH–21. Některé z nich, jmenovitě BH–21R a BH–21 "závodní", vznikly jen v jediném exempláři, noční stíhací BH–22N čili BH–23 ve dvou kusech. Důležitější verze byly Bš–21, neozbrojený školní letoun objednaný v desetikusové sérii ještě roku 1934, a zejména typ BH–22. Tento školní akrobatický letoun, vyrobený ve čtyřiceti exemplářích, se stal technickým základem československé školy letecké akrobacie.
Úspěchy Avie v polovině dvacátých let vzbudily zájem Škodových závodů, které továrnu roku 1926 odkoupily. Finanční zabezpečení i konexe nového majitele umožnily továrně další rozvoj. Přesto však souběžně s Avií budovala Škodovka vlastní letecké oddělení v Plzni a teprve roku 1930 postavila nové haly v Letňanech, kam se Avie přestěhovala z již nevyhovujících objektů v Praze Holešovicích.
Adaptací draku BH–21 pro hvězdicový motor Jupiter, označené jako BH–21J, vznikla dalším vývojem typová řada stíhaček B–33, které měly zprvu plochý dřevěný trup jako jejich vzor. Pozdější

tion) ten of the BH–3 fighters, differing only by the engine from the BH–4. They brought about many problems in service, though, as the low–wing monoplane (braced in this case) was acquitting well itself as a light sporting, training and even aerobatic aircraft, but it was not yet fully developed for service with the fighter units. Serious accidents of the BH–3's combined with the crash of the BH–19 prototype on 7th August 1924 brought the Ministry of Defence to cancel an order for 66 of the B–19 low–wing fighter monoplanes. Nevertheless, Avia as early as on 12th of May, 1923, had flown for the first time the BH–6 fighter biplane, whose development was ordered by the MoD on 4th December 1922 together with an order for the series of BH–3's. Four days after the maiden flight the prototype was destroyed in a crash and the fledgling company survived such a massive financial loss only because of the understanding on the side of the MNO (Ministerstvo národní obrany – Ministry of National Defence) that even ordered another prototype, the Avia BH–8, to be built. It was flown for the first time on 5th September 1923 and, after prolonged tests, modified and receiving the new BH–17 designation, it was ordered on 18th June, 1924 for the Air Force as the B–17. The production run of the B–17 amounted to a mere 24 machines, but it nevertheless became the direct ancestor of the renowned Avia BH–21, whose prototype flew for the first time on 24th February 1925. From June of the same year the series–built B–21's joined the units of the Czechoslovak Air Force which eventually took delivery of some 137 machines of the type. Further two machines were produced for the Avia's own use. One of them became the pattern aircraft for the licence production of the BH–21 in Belgium, where the local SABCA and SEGA companies built in 1927 and 1928 further two–score and four machines.
The second factory–owned machine served as a development aircraft for the modifications of the basic BH–21 type. Some of the modifications, namely the BH–21R and the BH–21 "racing" were built as single examples only, while only two of the night–fighting BH–22N alias BH–23 were built. A more important version, the Bš–21, was an unarmed fighter trainer, ordered in a ten–unit series as late as 1934. The most important of the minor versions of BH–21 family was the BH–22. This aerobatic training aeroplane, made in forty units, became the technical foundation for the development of the Czechoslovak "school" of aerobatics. The success of Avia in the mid–twenties aroused interest of the Škoda Works machinery and armament giant of Plzeň (Pilsen), Western Bohemia, who bought the company in 1926. The financial backing and connections of the new owner enabled further development of the factory. But despite that the Škoda Works continued to build up their own Aviation Department in Plzeň in parallel to Avia and only in 1930 the new production halls were erected in Letňany on the North–eastern outskirts of Prague, where the company moved from its unsatisfactory premises in Prague–Holešovice. By adapting the BH–21 airframe for the Walter (née Bristol) Jupiter radial engine the BH–21J was created, giving origin to the new line of the B–33 fighters. Originally having the slab–sided plywood and wood fuselage of their predecessor, their later versions, the BH–33E,

verze BH–33E, SHS, P a H (jejíž jediný exemplář dostal vojenské označení B–133) již měly eliptický trup s kovovou kostrou. Pro československé vojenské letectvo byla nejdůležitější verze BH–33L s motorem Škoda L, dodaná v počtu 81 kusů pod označením Ba–33. Původní BH–33 se stavěly licenčně v Polsku jako PWS–A (celkem 50 kusů) a tři vzorové kusy byly dodány do Belgie, kde však z licenční výroby nakonec sešlo. Letouny BH–33SHS byly určeny pro Jugoslávii, kde také po převzetí třiadvaceti letounů z Avie navázala licenční výroba v Zemuni. Některé z těchto strojů ještě létaly za německého útoku proti Jugoslávii a Řecku v roce 1941.

Řada BH–33 byla hlavním programem Avie koncem dvacátých a počátkem třicátých let. V prototypech zůstaly akrobatický BH–20 z roku 1924, průzkumný BH–28 a školní BH–29 z roku 1927. V roce 1926 vznikla devítikusová série dvoumístného stíhacího typu BH–26, větším úspěchem bylo celkem dvanáct dopravních BH–25 pro československé a rumunské aerolinie. Na konci roku 1929 z Avie odešli šéfkonstruktéři Beneš a Hajn a spolu s nimi řada techniků i dělníků. Původní průkopnické období definitivně skončilo a podnik se změnil od základu. Novými šéfkonstruktéry se stali dr. ing. Robert Nebesář a mnohem úspěšnější ing. František Novotný, který do Avie přešel z Vojenské továrny na letadla Letov.

Ing. F. Novotný se k tradici svých předchůdců plně hlásil a dal to též najevo označením typové řady svých akrobatických letounů Avia 122 až 422, navazujících na školní akrobatické BH–22, ač šlo konstrukčně o zcela nový typ. Kromě těchto strojů našich "králů vzduchu", Novotný se stal především otcem typové řady stíhaček B–34 až 634, které se typem B–534 a jeho verzí Bk–534 staly standardním strojem československého stíhacího letectva ve druhé polovině 30. let. S úspěchem byly nasazeny ještě ve 2. světové válce.

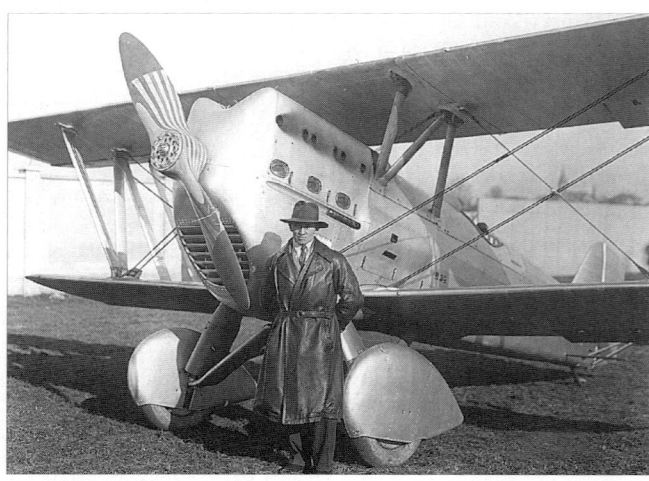

Prototyp stíhacího letounu Avie B–34. Před letounem stojí tehdejší šéfpilot Václav Kočí. 1932. (Sbírka J. Janečky)

The B–34 fighter prototype in 1932. The Avia's Chief Pilot of the period, Mr. Václav Kočí in front of the new aircraft

Konstrukční filosofie

V průkopnických dobách letectví bývalo zvykem postavit drak letounu a poté do něj hledat vhodný motor, popřípadě jej pro takový motor upravit. S přeměnou na normální průmyslové odvětví se však konstrukční filosofie postupně obracela. Ještě do třicátých let trvala snaha navrhovat draky použitelné pro různé typy motorů, což bylo výhodné i z obchodního hlediska. Na jejich konci se však již letouny běžně konstruovaly "okolo" určitého motoru a s adaptací na jiný se rodily nové typy i celé typové řady.

Tomuto vývoji se nemohla vyhnout ani Avia. Již cesta od jednoplošníku BH–19 a dvouplošníku BH–6 k úspěšné stíhačce BH–21 začala na sklonku roku 1922 zadáním MNO navrhnout stíhací letoun pro francouzský řadový motor Hispano Suiza 8Fb o výkonu 220 kW (300 k), jehož licenci zakoupila Škodovka. Pokus upravit BH–21 pro hvězdicový motor Jupiter o výkonu 309 kW (420 k), jehož licenční výroba se chystala u jinonické firmy Walter (dnešní Motorlet a.s.), vedl nakonec k vývoji nové typové

BH–33SHS, BH–33P and the BH–33H (whose sole prototype received the military designation B–133) were fitted with oval–section, metal–structure fuselage. The version of most importance for the Czechoslovak Air Arm was the BH–33L, powered by the Škoda L, and supplied in 81 machines under designation of the Ba–33. The original BH–33 was built under licence in Poland as the PWS–A (50 machines altogether) and three machines were supplied to Belgium, but the planned licence production did not ultimately come to fruition. The BH–33SHS were intended for Yugoslavia, where, after delivery of twenty–three machines from Avia, the licence production at Zemun followed. Some of these machine fought the Germans during the Nazi onslaught on Yugoslavia and Greece in 1941.

The BH–33 line was the main programme of the Avia company at the end of twenties and in the early thirties. The aerobatic BH–20 of 1924, the reconnaissance BH–28 and the training BH–29 of 1927 remained in the prototype phase only. In 1926 a nine–aircraft series of the two–seat BH–26 fighter was built, a greater success being the delivery of a total of a dozen of the passenger BH–25's for the Czechoslovak Airlines and for Romanian Airlines. At the end of 1929 the chief designers Messrs Beneš and Hajn left Avia with a number of technicians and workers. The original pioneering days were over for good and the company was changed from top to bottom. The new chief designers were dr. ing. Robert Nebesář and the much more successful ing. František Novotný, who came to Avia from the Vojenská továrna na letadla Letov (Letov military aircraft factory). Ing. F. Novotný acknowledged fully the traditions set by his predecessors Beneš and Hajn, proving this also by continuing with the line of designations for his aerobatic Avias 122 to 422, carrying them over from the aerobatic (fighter) BH–22 trainers despite the fact that the design of these machines was completely new. Besides designing these mounts for our "kings of the air", Novotný became the father of a family of fighter aircraft from the B–34 to B–634, that, mainly with the B–534 and Bk–534, became the backbone of Czechoslovak fighter aviation in the second half of the thirties. These machines were successfully employed even in the Second World War.

The design philosophy

In the pioneer era of the aviation the usual method was to build an airframe and then seek a suitable engine to power it, or eventually, to modify the airframe for an available engine. But, with aviation becoming a standard branch of industry, this design philosophy gradually reversed. Even in the thirties the tendency to design airframes usable for different types of engines persisted, this being advantageous also for the marketing reasons. At the end of the thirties the airframes became routinely designed around a specific engine, and by adapting airframes for other engines the new types and complete type lines were born.

The Avia company could not escape this development, either. The way from the BH–19 monoplane and the BH–6 biplane to the successful BH–21 fighter was started towards the end of 1922 by the specifications of the MNO (MoD) for a design of a fighter powered by the French Hispano Suiza 8Fb vee–eight engine of 220 kW (300 HP) output, whose licence rights were bought by Škoda Works. An

řady BH–33. Proto bylo logické, že když motorářské oddělení Avie získalo licenční práva na výrobu řadového dvanáctiválce do V, motoru Hispano Suiza 12Nbr o výkonu 478 kW (650 k), nový šéfkonstruktér dostal za úkol navrhnout stíhačku k jeho využití. Při řešení vyšel z tehdy vysoce moderní a efektivní koncepce, se kterou získal zkušenosti mimo jiné i na stáži u britské firmy Hawker: Navrhl pro trup celokovovou kostru z ocelových a duralových trubek, vyztužených dráty a spojovaných hlavně šrouby a nýty, pouze vyjímečně svařováním. Taková kostra spojovala pevnost s pružností a v případě bojovém či jiného poškození umožňovala snadnou výměnu většiny součástí přímo v dílnách leteckých útvarů. To přirozeně platilo i pro součásti tvarové karosérie trupu a potahu. Jeho plechové panely na krytu motoru byly většinou opatřeny rychlozámky, jinde byly také přišroubovány a pomáhaly upevňovat plátěný potah.

Motorové lože spočívalo na dvou vylehčených ocelových nosnících, připevněných soustavou ocelových trubek k přední části příhradové konstrukce trupu. V těsné blízkosti motoru byl umístěn chladič, nádrže chladící kapaliny a paliva i kulomety se zásobníky nábojů. Hlavní nohy podvozku s olejopneumatickými tlumiči přímo navazovaly na konstrukci, nesoucí pohonnou jednotku.

K trupu bylo přišroubováno dolní křídlo, zatímco horní křídlo s trupem i s dolním křídlem spojovaly kloubově uchycené vzpěry. Nosníky i žebra obou křídel vyztužovaly trubky a dráty. Stejnou konstrukci měly i ocasní plochy.

Touto konstrukční koncepcí se vyznačovala celá typová řada dvouplošných stíhaček ing. Františka Novotného, stavěná v Avii od roku 1931 až do prvních měsíců německé okupace. Během osmileté výroby se přirozeně objevila řada rozdílů mezi jednotlivými typy řady, jejich provedeními i verzemi.

Upravený prototyp B–34 (překonstruovaná příď s chladičem).
The modified prototype of the B–34 differed e.g. by the rebuilt nose and radiator.

Vpravo: Konečná sériová podoba B–34 z roku 1934.
Right: The final series version of the B–34 of 1934. (J. Janečka's collection).

attempt to modify the BH–21 for the Bristol Jupiter radial engine of 309 kW (420 HP), which was to be manufactured under licence in Walter (now Motorlet) factory of Prague–Jinonice, led to the development of a new type family of the BH–33. So it was rather logical that when the engine division of the Avia company received the licence rights for the Hispano–Suiza HS–12Nbr vee–twelve of 478 kW (650 HP) engine, the chief designer was tasked to design a fighter to use its potential.

Ing. Novotný had chosen a state–of–art, effective design concept of which he had obtained experience during his stay with the Hawker company in Britain. He designed the fuselage as an all–metal Warren truss of steel and duraluminum tubes reinforced with wires and joined mainly with bolts and rivets and only occasionally by welding. Such a framework combined strength with resilience and in case of combat or other damage it permitted an easy replacement of the majority of parts at the aviation unit workshop level. Indeed, the same applied to the components of the streamlined fuselage decking and various fairings, indeed. The engine/forward fuselage metal–sheet panels were mostly attached with quick release fasteners and, on some locations, by screws, helping to attach the fabric covering securely, too.

The engine bearers were of lightened steel beam design, attached to the firewall and the fuselage by a steel tube truss. Closely grouped together with the engine the liquid cooler (radiator), cooling liquid and fuel tanks and the guns and the boxes for their ammunition. The sprung main undercarriage legs with their hydropneumatic shock absorbers were attached directly to the powerplant–carrying structure. The bottom wings were attached to the fuselage by bolts, while the upper wing was attached to the fuselage and the bottom wing by universal (ball)–jointed struts. The spars and ribs of both wings were reinforced by tube braces and wires. The empennage was of similar design. This design concept was typical for the complete type sequence of ing. František Novotný's biplane fighters, built in Avia from 1931 until the first months of the German occupation. Of course, during the eight years of manufacture on the production line the differences between individual types and their versions appeared, quite naturally.

Avia B–34

The Avia B–34

Prototyp výchozího typu Avia B–34 byl postaven v létě 1931 a zalétán 2. února 1932. Ve své původní podobě to byl neforemný letoun značně hrubých tvarů. Jeho chladič, umístěný spolu s motorem pod objemnou kapotou, však nefungoval uspokojivě. Potíže byly i s řízením, zejména kvůli nedostatečné ploše směrového kormidla. Během továrních zkoušek byl proto značně přepracován. Když 1. července 1932 Avia předávala prototyp do Vojenského leteckého ústavu studijního (VLÚS), měl už místo původní hranaté zvětšenou oblou směrovku, chladič se posunul pod trup a výrazně se také změnila kapota motoru. Ani tyto změny však nevyřešily všechny problémy s B–34.

Zkušební piloti VLÚS (od února 1933 reorganizovaného sloučením s vojenským technickým ústavem na Vojenský technický a le-

The prototype of the progenitor type of the whole Avia-'34 line was built in summer of 1931 and flown for the first time on 2nd February 1932. In its original guise it was a rather unshapely aeroplane of rather unrefined lines. its cooler was attached to the engine and covered by a single voluminous cowling, where it did not work well. Also the directional control left much to be desired as the area of the vertical tail/rudder was not large enough. Thus the prototype underwent major modifications during the factory tests. When it was handed over to the VLÚS (Vojenský letecký ústav studijní – The Military Aviation Test and Research Institute) on 1st July 1932, it was already fitted with enlarged rounded vertical tail instead of the original angular one, the liquid cooler was moved back under the fuselage and the engine cowling was markedly

tecký ústav – VTLÚ) hodnotili prototyp jako "těžkopádný" a funkci chladiče nadále pokládali za nevyhovující.

Proto v roce 1933 dostal typ B–34, kromě menších úprav, aerodynamicky vyváženou směrovku a nový tvar chladiče, který měl nakonec lomenou příď se svislými žaluziemi.

Přes všechny úpravy se letoun B–34 nikdy nestal úspěšným typem. Vojenská správa jej – podobně jako konkurenční Š–231 – objednala spíše z milosti a jako přechodnou náhradu za dosluhující letouny do doby, než bude k dispozici skutečně vyhovující typ stíhačky. Proto se také "třicetčtyřka" stavěla jen ve dvanáctikusové sérii, dodané v létě 1934.

Sériové B–34 byly, stejně jako prototyp, vyzbrojeny dvěma kulomety ráže 7,92 mm, neměly však pumové závěsníky na dolním křídle. Od září 1934 do počátku roku 1937 tvořily výzbroj bojové letky leteckého pluku 3, načež byly rozděleny mezi školní letky tohoto i dalších útvarů. Avia B–34.4 havarovala a byla zrušena v dubnu 1937, osm sériových letounů a prototyp si po tehdejším rozbití republiky přivlastnila Luftwaffe, zbylé tři sloužily u Slovenských vzdušných zbraní.

altered, too. But even these changes did not cure all of the problems the B–34 possessed.

The test pilots of the VLÚS (from February 1933 reorganized by amalgamation with the VTÚ (Vojenský technický ústav – Military Technology Institute) as a VTLÚ (Vojenský technický a letecký ústav – the Military Technology and Aviation Institute) judged the prototype as a "clumsy" and the function of the radiator as still unsatisfactory. So, in 1933 the B–34 got, besides some minor modifications an aerodynamically ballanced rudder and the fairing of its radiator was altered again to have a vee–shaped front with vertical louvres.

Despite all modifications the B–34 never became a successful type. The military authorities ordered it, like the competing Letov Š–231, more as a gesture of grace and as a transient stop–gap type to supplant the obsolete fighter aircraft before the truly satisfactory fighter type would be available. That's why it was built in a series of only a dozen machines, delivered in 1934.

The series–built B–34 were armed with a pair of 7,92mm machine guns, but they lacked the bomb racks on the lower wing. From

Prototyp stíhacího letounu Avia B–234 z roku 1932.
The prototype of Avia B–234 of 1932.

První prototyp B–534, označený ještě jako B.34.2 z roku 1933, vznikl zabudováním motoru HS 12Ybrs do draku B.234.(sbírka J.Janečky)
The B–534 first prototype, with provisional designation B–34.2, was developed in 1933 by installing the HS–12Ybrs engine into the B–234. (J. Janečka's collection)

Nerealizované projekty.

Projektové stadium nepřekonaly další typy řady : Avii B–134 měl pohánět dvouhvězdicový čtrnáctiválec Walter Mistral 14Kbs o výkonu 515 kW (700 k), B–334 hvězdicový devítiválec Armstrong Siddeley Jaguar Major o výkonu 360 kW (490 k) a B–434 řadový dvanáctiválec Hispano Suiza HS 12Xbrs o stejném výkonu 478 kW (650 k) jako měl HS 12Nbr. Koncepce motoru však byla modernější.

Dále se dostal prototyp Avia B–234, určený pro hvězdicový devítiválec R–29 o výkonu 441 kW (600 k) vlastní konstrukce motorářského oddělení Avie. Ta měla pochopitelně eminentní zájem o typ, který jej používal. Při pozemní zkoušce typu 20. února 1933 se motor ukázal natolik nevyzrálým, že na start s ním nebylo vůbec pomyšlení. Avia se mezitím beztak soustředila na vývoj B–534.

September 1934 until the beginning of 1937 they made up the equipment of a combat Letka (Squadron) of the Stíhací pluk 3. (3rd Fighter Regiment), being subsequently distributed among the training Letky (Squadrons) of this and other units. The B–34.4 crashed and was written off in April 1937, after the first dismembering of Czechoslovakia in 1938 were eight of the series machines seized by the Luftwaffe, the remaining three serving with the Slovenské vzdušné zbraně – Slovak Air Arm.

The projects that did not materialize

The further type families lines did not get past the drawing boards– the Avia B–134 should have been powered by the Walter Mistral 14Kbs double–row fourteen–cylinder radial of 515 kW (700 HP), the B–334 should have been powered by the Armstrong Siddeley Jaguar Major nine–cylinder radial of 360 kW (490 HP) and finally for the B–434 the Hispano Suiza HS–12Xbrs of the same 478 kW (650 HP) output as the HS 12Nbr offered, but of rather more modern design concept.

The prototype of th Avia B–234 progressed further. It was destined for the R–29 nine–cylinder radial of 441 kW (600 HP), developed in–house by the engine department of the Avia company, which was, quite understandably, eminently interested in a fighter type using a home–grown engine. Unfortunately, during the ground tests of the type, the engine proved so underdeveloped that it was totally beyond question to attempt a take off with it. Avia, in the meantime, concentrated fully on the development of the B–534.

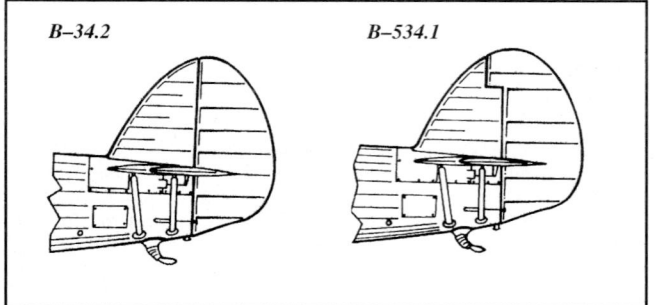

Mírně překonstruovaný prototyp již s označením B–534.1.(sbírka J. Janečky)
The slightly redesigned prototype, bearing the designation B–534.1 (J. Janečka's collection)

Avia B–534

Podnětem k vývoji tohoto typu bylo jednání mezi Avií a firmou Hispano Suiza o koupi licenčních práv na výrobu jejího nejmodernějšího motoru, řadového dvanáctiválce HS 12Ydrs o maximálním výkonu 632 kW (860 k) a případně i jeho verze Ycrs o stejném výkonu, umožňující však montáž hlavně kanónu do duté hřídele reduktoru vrtule. Jelikož se navíc mělo jednat o jednotný motor letounů československého vojenského letectva, vývoj typu dostal nejvyšší prioritu.

První náčrtky B–534 začaly vznikat na sklonku roku 1932. Původně asi mělo jít jen o verzi typu B.34, jak nasvědčuje označení B–34.2, jež první prototyp B–534 zpočátku nesl. Někdy proto bývá zaměňován se stejně označeným letounem ze série B–34, který však byl vyroben až o rok později.
Stavbu prvního prototypu B–534 urychlila skutečnost, že k ní byl použit drak neúspěšné B–234. Od něj také B–534 přejala konstrukční prvky, jimiž se – přirozeně kromě motoru – nejvíce odlišovala od B–34 : Křidélka měla jen na horním, nikoli také na dolním křídle, kde zato nesla dvojici kulometů. Prototyp B–534 také neměl aerodynamicky vyváženou směrovku, tehdy právě zkoušenou na prototypu B–34. První prototyp B–534 poprvé vzlétl 25. května 1933. Poháněl jej dovezený francouzský motor HS 12Ybrs (nikoli Ydrs) a až do havárie 12. července 1934 létal s kovovou vrtulí Ratier. Během továrních zkoušek mezi prvním vzletem a 8. zářím prodělal menší úpravy, z nichž nejvýznamnější bylo aerodynamické

The Avia B–534

The impetus leading towards the development of the type was the negotiations between Avia and Hispano–Suiza concerning the purchase of licence rights for the French company's most advanced engine, the HS–12Ydrs V–twelve of 632 kW (860 HP), eventually of its Ycrs version of the same power, but enabling the designer to place a cannon barrel through the hollow airscrew reduction gear shaft. As this engine should have been the unified powerplant of the Czechoslovak Air Force's aircraft, the development of the type got the highest priority. The first sketches and of the future B–534 were drawn on late 1932. Originally it should have been only a version of the B–34 type, as proved by the designation B–34.2, this fact being proven by the pictures of the first B–534 prototype, which originally carried this type number. It is sometimes mistaken for the similarly – designated aircraft of the B–34 series, which was, alas, produced a year later.
Construction of the first B–534 prototype was speeded–up by using the airframe of the unsuccessful B–234. From this machines the B–534 took the design features that (besides the engine, of course), set it apart from the B–34: The bottom wings were devoid of ailerons, but a pair of machine guns was fitted to them. The B–534 prototype also lacked the aerodynamically ballanced rudder, that was being tested at that time on the B–34 prototype. The first B–534 prototype flew for the first time on 25th May, 1933. It was powered by an imported French–produced HS–12Ybrs (not an Ydrs) and until the crash on 12th July 1934 it flew with a Ratier metal airscrew. During the factory tests, between the maiden flight and the 8th September, it underwent minor modifications, the most important being the introduction of the aerodynamic balancing of the rudder. In the period between 2nd and 5th September 1933 its designation was changed to B–534.1.
On the 8th September it was flown to the VTLÚ and two days later it was displayed to the public at the Army air day. The machine was thoroughly tested by the military pilots in the VTLÚ, and, also, it was compared to the competing Letov Š–231 and Praga E–44 types and to the Avias Ba–33 and B–34 in mock dogfights. The competition was rather fierce and all methods were used, including those rather unfair (such as hindering the delivery of an HS–12Ydrs engine from Avia factory to the competing Praga company). The competition had it victims, too, as on 8th August, 1933,

vyvážení směrovky. V době mezi 2. a 5. zářím 1933 také došlo k přeznačení na B–534.1.
Dne 8. září 1934 tento prototyp přelétl do VTLÚ a o dva dny později se představil veřejnosti na Armádním leteckém dnu. Ve VTLÚ jej intenzívně zkoušeli vojenští piloti a kromě jiného také porovnávali s konkurenčními typy Letov Š–231 a Praga E–44, stejně jako s B–34 a Ba-33 ve cvičných soubojích. Svým způsobem pak pokračovala soutěž mezi firmami Avia, Letov a Praga o standardní stíhačku vojenského letectva.
Soutěž to byla velice tvrdá, užívalo se při ní i takových nečistých metod, jako zdržování dodávky motoru HS 12Ydrs z Avie pro konkurenční firmu Praga. Měla i své oběti: Když byly 8. srpna 1933 porovnávány vlastnosti typů B–534 a Š–231 ve střemhlavém letu z výše 3 000 metrů, pilotu "šmolíka" čet. Černínovi se nepodařilo letoun vybrat po dosažení předepsané rychlosti 500 km/h a nestačil již ani vyskočit padákem. Dne 27. října téhož roku zahynul v troskách letounu E–44.1 npor. Touš, když se mu nepodařilo dostat stroj z ploché vývrtky.
Prvnímu prototypu B–534 zkušební piloti vytýkali především horší sladěnost vůči typu E–44, který byl také schopen manévrovat při nižší minimální rychlosti. Celkově však prototyp "pětistovky" převyšoval své soupeře, jak dokládá tabulka výkonů.

Letov Š–231 (sbírka M. Bílého)

when the characteristics of the B–534 and the Š–231 in a dive from 3000 metres (cca 9000 ft) were compared, the pilot of the "šmolík"*), desátník (Cpl.) Černín, was unable to pull out the

TYP	MAX.RYCHLOST km/h		STOUPÁNÍ do výše	DOSTUP	DOLET
	při zemi	4 000m	5 000m	(m)	(km)
Type	Max. speed (km/h)		Time to height	Ceiling	Range at 0
	m	4000 m	5000 m	(m)	(km)
B–534	326,2	363	5min 30s	10 000	510
Š–231	299,6	348	8min 20s	9 000	450
E–44	x	330	5min 10s	7 500	520

Druhý prototyp vzlétl poprvé 5. září 1933 pod označením B–534.2, změněným později na B–534.II. Letoun byl rovněž poháněn motorem HS 12Ybrs, ale na rozdíl od prvního prototypu však zůstal v mateřské továrně, která jej užívala hlavně pro vlastní zkušební program a k předváděcím letům. 14. dubna 1934 na něm šéfpilot Avie Václav Kočí získal národní rychlostní rekord průměrnou rychlostí 365,744 km/h, přičemž krátkodobě byly naměřeny rychlosti kolem 395 km/h. V červenci 1934 předváděl V. Kočí druhý prototyp v Jugoslávii, kde však neprobíhaly porovnávací zkoušky s polskými typy PZL P–8 a P–24, jak se někdy píše. Tato pověst vznikla nejspíš záměnou s prototypem jugoslávské stíhačky IK–1, hornoplošníkem s řadovým motorem, podobným PZL–8. Jugoslávské letectvo v té době ostatně užívalo britské stíhačky Hawker

machine from the dive after he reached the required 500 km/h speed and was unable to use parachute either. On the 27th October of the same year 1st Lt. Touš died in the wreckage of the Praga E–41.1 prototype he was unable to recover from a flat spin. The test pilots complained of worse control harmonisation on the B–534 as compared to the Praga E–44, which was also able to maneuver at lower minimum speed. But the prototype of the "five-hundred", as the Avia B–534 became to be colloquially called, was the all–round superior to its competitors, as the table of performance proved.

The second prototype flew for the first time on 5th September, 1933, designated B–534.2, changed subsequently to B–534.II. It was also powered by the HS-12Ybrs, but, as opposed to from the

Druhý prototyp B–534 z roku 1933. V letadle šéfpilot Avie Václav Kočí, před letounem šéfkonstruktér ing. František Novotný. (sbírka J. Janečky)

The second prototype of the B–534 of 1933. In the cockpit the Avia's chief pilot, Václav Kočí, in front of the aircraft the chief designer, ing. František Novotný. (J. Janečka's collection)

*) a generic nickname for any and all of Letov's chief designer's Šmolík – hence Š – aircraft)

Fury IA a jednalo o dodávkách i licenční výrobě pokročilejší verze Fury II.

Při návratu z Jugoslávie 16. července V. Kočí nouzově přistál na poli u osady Nechyby. Když opět startoval, zachytil o stromy a havaroval. Při opravě dostal druhý prototyp B–534 dřevěnou vrtuli místo dosavadní kovové Ratier a jediný lapač vzduchu pod příď trupu místo dvou na jeho bocích. V této podobě létal až do roku 1936, kdy dostal motor HS 12Ycrs s 20mm kanónem Hispano 402. Na druhém prototypu byly v prvním období jeho kariéry vyzkoušeny některé konstrukční prvky, které se později uplatnily na sériových letounech. Především šlo o aerodynamické vyvážení směrového kormidla, umístění lapačů vzduchu, prodloužený chladič a posunutí závěrů kulometů do pilotní kabiny. Jen shodou náhod či otevřeně nevyslovených představ se na sériových letounech zčásti uplatnila redukce výzbroje na dva trupové kulomety a zpočátku také dostaly otevřenou kabinu.

Překryt uzavřené kabiny druhého prototypu byl totiž zhotoven z pružného celuloidu a zasouval se drážkami v čelním štítku do boku pravého pilotního prostoru. Takové řešení by v praxi nepochybně přineslo dost problémů a nebylo tudíž pro sériové B–534 využito.

Upravený druhý prototyp s dřevěnou vrtulí
Modified second prototype with a wooden airscrew (J. Janečka's collection)

K technologickým zkouškám možností aplikace těchto prvků posloužil první prototyp. 12. července 1934 byl totiž prakticky zničen, když s ním rtm. V. Holubec prováděl akrobacii nízko nad zemí a havaroval. K zachovalému motoru byl poté de facto "přistavěn" nový letoun, který se až na jinou verzi motoru nijak nelišil od prvních sériových B–534 : Původně krátký chladič byl prodloužen mezi hlavní nohy podvozku, lapače vzduchu pro kompresor se posunuly od kořenů dolního křídla na dolní hranu krytu motoru před podvozkové nohy a závěry trupových kulometů naopak dozadu, na boky kabiny. Pilot je tak mohl ovládat přímo, místo táhly jako dosud. Odstraněna byla opěrka hlavy a kovová vrtule Ratier vyměněna za anglickou, kterou však den po zalétání opět nahradila dřevěná vrtule Avia.

Nová stavba prvního prototypu se vzhledem k těmto okolnostem protáhla na více než třináct měsíců. Zalétán byl až ve dnech 26. a 27. srpna 1935 a o tři dny později převzat vojenskou přejímací komisí. Od 9.září létal ve VTLÚ, ale již 17. září znovu havaroval. Cestou na střelnici v Malackách se pilot mjr. J. Ambruš zastavil v Hradci Králové, kde si novou stíhačkou, jejíž dodávky měly co nevidět začít, půjčil k vyzkoušení zástupce velitele leteckého pluku pplk. B. Dragoun. V závěru letu nezvládl vývrtku a narazil do země. Pilot zahynul a stroj byl zcela zničen.

Vývoj typu se tím samozřejmě nezastavil a pokračoval již souběžně se započatou sériovou výrobou. Avia se prozíravě soustředila na vylepšování aerodynamiky letounu a na zavedení některých prvků, které měly zlepšit výkony v určitých režimech letu. Díky úspěšnosti této cesty výkony skutečně stoupaly, přestože motor zůstával stejný a hmotnost letounu rostla.

first prototype, it was kept in the mother factory that used it for its own test program and for the air displays. On 14th April 1934 the Avia's chief pilot, Václav Kočí, won the national speed record, averaging 365,744 km/h, with measured dash speeds of around 395 km/h. In July 1934 V. Kočí displayed the second prototype in Yugoslavia, but the reported comparative tests with Polish PZL P–8 and P–24 types never took place. This rumour apparently originated by mistaken identification of the IK–1 indigenous Yugoslav fighter, whose airframe bore marked external resemblance to the P–8, but it was powered by an in–line engine. The Yugoslav Air Force used the British Hawker Fury I biplanes anyway and was negotiating the purchase of more advanced Fury II's and their manufacture under licence.

Upon return from Yugoslavia V. Kočí emergency–landed on 16th July in a field close to Nechyby hamlet. During the subsequent take–off his Avia struck some trees an crashed. During the repair the second prototype got a wooden airscrew instead of the metal Ratier one and a single air scoop under the engine cowling instead of the two scoops mounted on the sides of the nose. In this guise the prototype was flown until 1936, when it was fitted with the HS–12Ycrs with the 20mm Hispano 402 cannon.

On the second prototype some new design solutions/elements were tested during the first period of its career, which were put to use on the series machines. Here belonged especially the aerodynamic balancing of the rudder, positioning of the air scoops, elongated radiator and moving of the gun breech blocks back into the cockpit, within the reach of pilot. Only by a sheer coincidence or by the lack of openly expressed ideas the reduction of armament to two fuselage–mounted machine guns took place and also the machines were left with open cockpits. The cockpit hood of the second prototype was made of flexible celluloide (rhodoide), sliding in the slots made in the along the windshield and headrest arch and was opened by being pushed (retracted) into the starboard side of the cockpit. Such a design solution would undoubtedly bring many problems in routine use and was therefore not used for series B–534's.

For the technology tests of application of such innovations the first prototype was used. It was virtually destroyed on 12th July 1934 when četař (Sgt.) V. Holubec failed to recover soon enough from low level aerobatics. To the surviving engine a new airplane was "added", which, save for the version of engine, did not differ from the first series–built B–534's: its originally short radiator bath was elongated between the main undercarriage legs, the compressor air scoops were moved from the bottom-wing roots forward, to the lower engine cowling edge immediately in front of the undercarriage legs, while the breech blocks of the fuselage guns moved in the opposite direction to the cockpit sides, where they could be charged and their eventual jams removed directly by the pilot, instead of charging by levers as up to now. The head rest was removed and the Ratier metal airscrew was replaced with a British one, which was replaced in turn by a wooden Avia one the day after the machine was test–flown.

The new "first prototype" took more than thirteen months to build because of these circumstances. It was flown in 26th and 27th August 1935 and was taken on charge by the military commission three days later. Since 9th September it flew in the VTLÚ, but already on 17th September it crashed again. On the way to the Malacky (Southwest Slovakia) firing range, its pilot, Major Ján Ambruš stopped over at Hradec Králové, where the new fighter, whose deliveries were soon to start, was borrowed by the deputy commander of the Letecký pluk 4 (4th Air Regiment), Lt. Col. B. Dragoun, for a test. At the end of the flight he failed to recover from a spin, hitting the ground. The pilot perished and the machine was a total write–off.

The development of the type was not stopped by this accident, of course. Avia concentrated primarily on improvement of the B–534's aerodynamics and on introducing some features that were to improve the performance in some flight regimes. The way of doing it was right, indeed, as the performance continuously rose despite the same engine was used and the weight continuously increased.

AVIA B-534
tzv. 1. verze (kusové číslo, c/n 2 – 101)

Celkově lepší vlastnosti i výkony prvního prototypu ve srovnávací soutěži s konkurenčními typy a národní rychlostní rekord druhého prototypu byly ostatně rozhodujícími faktory na cestě Avie B–534 k postavení standardní stíhačky československého vojenského letectva. Konkurence se však dlouho nevzdávala a otázkou kvalit B–534 se zabývala dokonce i poslanecká sněmovna. O zavedení typu do služby definitivně rozhodly až objednávky Ministerstva národní obrany (MNO). První z nich, č.j. 1031–V/3 odd., firma dostala 17. července 1934. Avia však chtěla všechny letouny dodat sama, kdežto MNO mělo zájem na výrobě tohoto typu i v továrnách Letov a Aero. Jednání se protahovala a teprve počátkem roku 1935 byla uzavřena definitivní smlouva na dodávku 147 kusů "pětistovek" pro československé vojenské letectvo. Všechny postavila Avia.

Složitá byla i cenová jednání, která nakonec dospěla k dohodě o platbě Kč 275.000,– za sériový letoun. V objednávce byl zahrnut i první prototyp, drak jednoho letounu pro lámací zkoušky a jeden letoun pro "speciální úpravy", kterým zřejmě byla B–534.139. Výzbroj, zejména kulomety vz.30, kupovalo MNO přímo u jejích výrobců a v ceně letounu nebyla proto účtována.

V následujících letech uzavřelo MNO s Avií další čtyři smlouvy na dodávky B–534. Podoba letounů se měnila v závislosti na postupujícím vývoji a zavádění jeho výsledků do výroby, což se projevilo už na vzhledu B–534.2 až 147, stavěných v rámci první objednávky. Rozdělení B–534 do tzv. sérií či verzí se proto týká výhradně podoby, v jaké byly jednotlivé stroje dodávány.

První z nich dostalo vojenské letectvo na podzim roku 1935. Až do kusového čísla 47 včetně nesly dva kulomety v trupu a dva ve spodním křídle. Vojáci však křídelní kulomety postupně demontovali a letouny kusových čísel 48 až 101 již přejímali jen se dvěma trupovými zbraněmi. Jako příčina tohoto rozhodnutí MNO se často uvádí nižší přesnost palby kulometů v křídle. Tu sice zkoušky opravdu prokázaly, ani v nejmenším však v rozsahu, opravňujícím redukci palebné síly B–534 na polovinu: 17. až 21. prosince 1935 nalétávaly na střelnici v Milovicích na pozemní cíl o rozměrech 10 x 10 m B–534.9 s kulomety v křídle i v trupu a B–534.139 se čtyřmi trupovými kulomety. První z nich dosáhla v průměru 69,1% zásahů, kdežto druhá 72,8%.

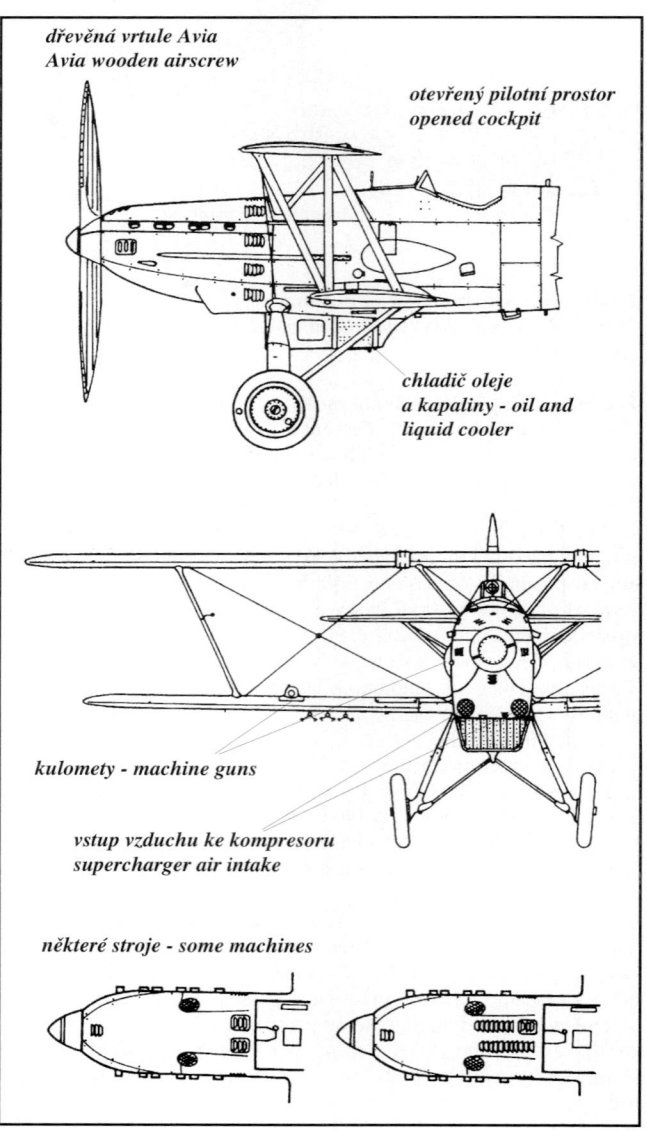

Avia B–534.7 s plnou výzbrojí dvou trupových a dvou křídelních kulometů vz. 30 (ráže 7,92 mm) a šesti 10kg pum. (sbírka J. Janečky)
The Avia B-534 (c/n 7) with full armament of two fuselage and two wing - mounted MG's and with six 10kg bombs. (J. Janečka's collection)

Přidělení B–534.139 do VTLÚ v prosinci 1935 – kdy ještě nebyly dodány letouny daleko nižších kusových čísel – dovoluje předpokládat, že byla doslova předurčena dokázat větší výhodnost instalace čtyř kulometů do trupu. Ve skutečnosti šlo hlavně o to, že zaseknuté kulomety v křídle se na rozdíl od kulometů v trupu nedaly znovu natáhnout a letoun pak zbytečně nesl i jejich hmotnost, zhruba 80 kg. Demontáž křídelních zbraní zlepšila i aerodynamiku letounu. Jelikož však výzbroj dvou kulometů byla ve druhé polovině třicátých let již zjevně neperspektivní, zkoušela se současně s příchodem prvních sériových letounů k útvarům i možnost a vhodnost umístění křídelních zbraní do trupu.

Daleko závažnějším nedostatkem sériových B–534 dodávaných v rámci první objednávky byla konstrukce náběžné hrany horního křídla. Příliš slabý plech se na ní totiž při vybírání střemhlavého letu deformoval a v jednom případě dokonce křídlo explodovalo, když do něj po odtržení náběžné hrany prudce vnikl vzduch. Už pouhá deformace však stačila k tomu, aby se letoun ve chvíli vybírání náletu obrátil na záda a stal se tak přinejmenším na okamžik neovladatelným.

Střemhlavým letem se ovšem nalétávalo především na pozemní cíl. Piloti vybírali nálety nízko nad zemí a na opětné ovládnutí letounu nemívali čas ani tehdy, pokud bylo vůbec možné. V letech 1936–1937 tak přišli o život čet. Večeř na B–534.79, rtm. Pacák na B–534.98 a des. Vomáčka na B–534.50 a jejich stroje musely být zrušeny. Poslední případ byl nejtragičtější, neboť příčina těchto havárií byla již známa a továrna se chystala k opravě konstrukční vady. Později byly obdobně rekonstruovány i ocasní plochy.

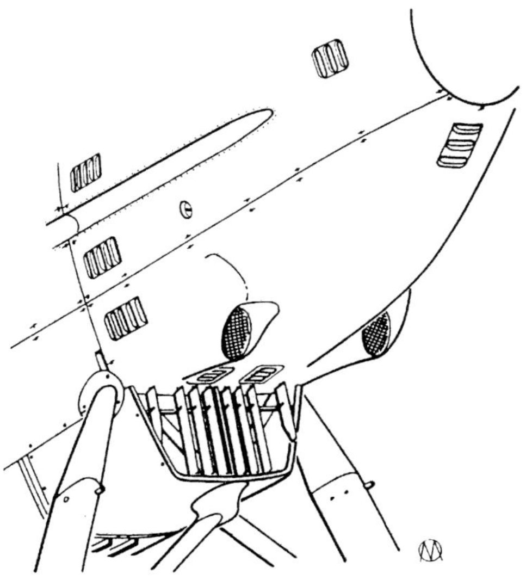

aerodynamicky vyvážené kormidlo
the aerodynamically balanced rudder

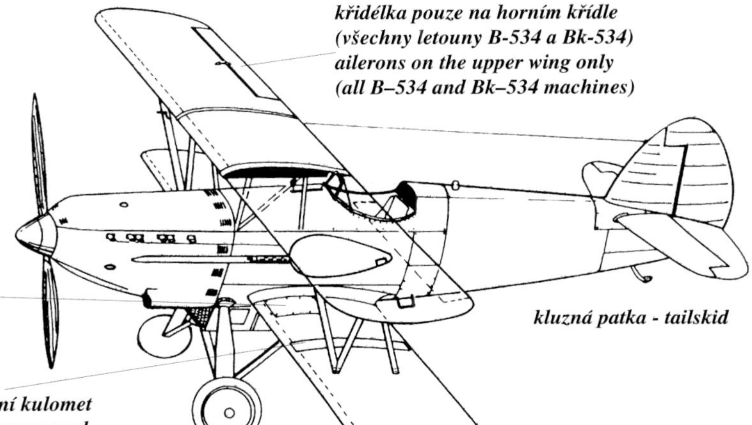

montážní panel
acces panel

odstraněný křídelní kulomet
wing machine gun removed

křídélka pouze na horním křídle (všechny letouny B-534 a Bk-534)
ailerons on the upper wing only (all B–534 and Bk–534 machines)

kluzná patka - tailskid

The future position of the Avia B–534 as the standard fighter of the Czechoslovak Air Force was won especially owing to the generally better characteristics and performance of the first prototype in the comparative fly–off type contest against the competing types, and the national speed record of the second prototype. The competing companies never gave up, though, and the question of merits of the B–534 was discussed even in the Parliament.

The introduction into service was definitely decided only by procurement orders, given by the Ministry of National Defence (MNO). The first was issued to the Avia company on 17th July 1934. Because the MNO was interested also in production of the B–534 at the Letov and Aero companies, but the Avia was interested at delivering all of the machines itself, the negotiations were dragged until early 1935. Only then was the delivery contract for 147 "fivehundreds" for the Czechoslovak Air Force signed. All machines were built and delivered by the Avia company.

Also the price negotiations were complex, with eventually agreed–upon price of Kč 275.000,– for a series–built machine. This contract covered also the first prototype, the static–test airframe and "one aircraft for special modifications", apparently the government–procured, but often factory–operated B–534.139. The armament, especially the vz. 30 machine guns, was the government–furnished equipment, bought by the MNO directly at the respective manufacturer, and it was not accounted for in the price of the aircraft. In the following years the MNO (MoD) issued to Avia further four orders. The appearance of the machines changed according to the continuation of the development and introduction of its results into the production. This fact manifested itself already during production of the first procured batch (c/n B–534.2 to .147 inclusive), so the differentiation between the "versions" applies exclusively to the appearance/equipment fit of the delivered machines.

The first machines were delivered to the Air Force in autumn 1935. The series–built B–534 up to and including the c/n 47 were delivered with two fuselage–mounted and two lower wing–mounted MG's, but with the subsequent machines (c/n B–534.48 to .101) the military refused the wing guns, removing them subsequently from machines that already had them fitted. The lower accuracy of fire from the wing–mounted machine guns was often given as the cause of this decision of the MNO (MoD). The tests on one hand really proved this fact, but certainly not in a scale that would justify halving of the firepower: Between 17th and 21st December 1935 two Avias attacked a 10 by 10 metre ground target at the Milovice fir-

Sejmutý boční panel B–534.7. Pilot má kompletní výstroj včetně dýchače. (sbírka J. Janečky)

The removed side–fuselage panel of B–534.7. The pilot sitting in his cockpit is completely outfitted including of the oxygen breather. (J. Janečka's collection)

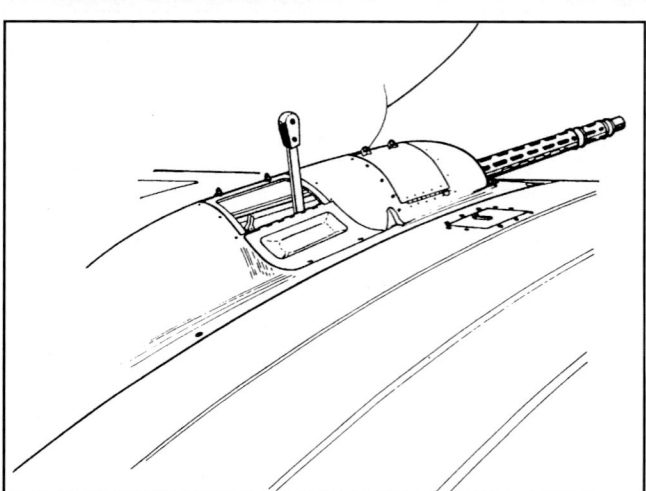

ing ground – a B–534.9 with wing– and fuselage–mounted guns and the B–534.139 with four guns in the fuselage. The first machine achieved an average of 69,1 % of hits, the second one got 72,8 % of hits.

The allocation of the B–534.139 to the VTLÚ in December 1935, at the time when machines with much lower manufacturer's numbers were not even delivered, allows us to presume that this machine was literally predestined to prove the advantages of the four–guns–in–the–fuselage layout. The real problem concerning the wing–mounted MG's was the pilot's unability to remove jams and charge them again in flight, the machine then carrying some 80 kg of useless weight. The removal of the wing guns improved the aerodynamics, too. But as the two–gun armament was clearly a rather dubious proposition in the second half of thirties, the feasibility of moving the wing guns into the fuselage was studied as early as the first series–built Avias begun to arrive at the units.

A much more important, albeit less conspicuous shortcoming of the series–built B–534's was the design of the upper wing leading

B–534.91 již bez křídelních kulometů. (sbírka J. Janečky)
B–534.91 is machine of the first version without wing guns. (J. Janečka's collection)

Stroj 32. letky leteckého pluku 1 bez křídelních kulometů, zato s fotokulometem na pravém spodním křídle u trupu a s nosičem osvětlovacích raket Holt na jeho spodní ploše. (sbírka J. Janečky)

Machine of the 32. letka (32nd squadron) of the letecký pluk 1 (1st Air Regt.) with wing MG's, with thw cine - gun at the starboard wing root and with holt illumination rocket carrier.

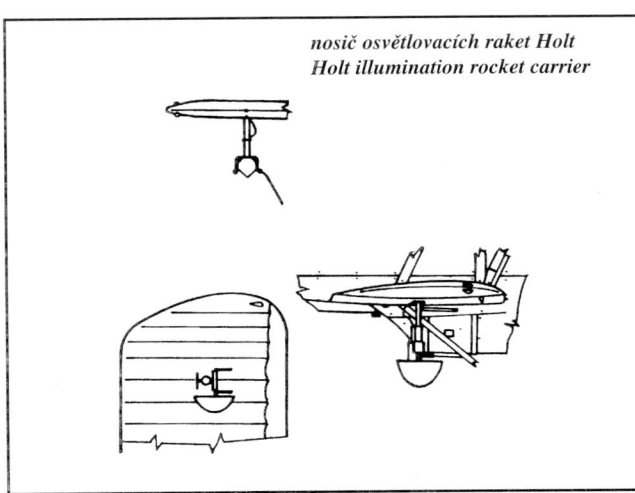

nosič osvětlovacích raket Holt
Holt illumination rocket carrier

edge. The original light–alloy sheet was too thin, deforming under loads exerted on it during a pull–out from a dive. On one occasion the wing literally exploded when, after separation of the leading edge sheeting, the air blasted into the wing's hollow interior. Even the deformation itself, changing the airfoil shape, was enough to flip the machine over on its back in the critical moment of pulling out of a dive, making the aircraft at least momentarily uncontrollable. As these high–speed, high–g dives were used primarily against the ground targets, there was not necessarily enough time for recovery even if it was possible at all. In 1936 to 1937 period three pilots lost their lives to this cause: četař (Sgt.) Večeř on the B–534.79, rotmistr (Flight Sergeant) Pacák on the B–534.98 and desátník (Corporal) Vomáčka on the B–534.50, all their machines being destroyed and written off. The last case was the most tragic as the cause of these crashes was already known and the manufacturer was preparing itself to remedy the design fault. Later still the empennage was also similarly redesigned.

Nahoře: Tovární snímek B–534.142 se čtyřmi trupovými kulomety vz. 30 ráže 7,92 mm. (sbírka J.Janečky)
The factory photo of the B–534.142 with four vz. 30 guns of 7,92mm calibre in the fuselage (J. Janečka's collection)

AVIA B-534

tzv. 2. verze (kusové číslo, c/n 102 – 147)

Protože střelecké zkoušky prováděné s B–534.139 byly úspěšné, letouny tzv. druhé verze (kusového čísla 102 až 147) továrna dodala s výzbrojí čtyř kulometů na bocích trupu. Kromě počtu zbraní se tyto stroje od předchozích lišily i většími "boulemi", kryjícími závěry dvou zbraní místo jedné. Úprava výzbroje nebyla podle názoru výrobce ani MNO příliš rozsáhlá, takže se do typového označení nijak nepromítla. V platnosti zůstaly i podmínky dodávky prvních objednaných 147 letounů B–534, do které tudíž patří stroje se dvěma kulomety v trupu a dvěma ve spodních křídlech, stejně jako letouny se čtyřmi kulomety v trupu.

Kromě uvedených strojů továrna vyrobila se čtyřmi trupovými kulomety ještě dva kusy pro Řecko. Nesly atypické označení Avia 534.1001 a 1002, neboť exportní letouny dostávaly v Avii čísla od 1000 výše a kód "B" byl jen interním označením výrobce v evidenci ČMNO.

Z prvních sériových B–534 bylo nejméně devět kusů využito ke zkouškám kovových na zemi stavitelných vrtulí a k ověřování vhodnosti kapot podvozku, které nebyly zpočátku dodávány. Na B–534.136 a 143 byly ještě roku 1938 zkoušeny kapkovité kryty otevřených kabin, s jejichž instalací na dříve dodané letouny se počítalo. Zatímco kovové vrtule a kapoty kol se na sériových B–534 postupně objevily, překryty otevřených kabin se užívaly jen na několika německých a slovenských letounech. Pozdější snímky slovenských a německých strojů s těmito překryty kabin zachycují s největší pravděpodobností právě tyto dva letouny.

Zvláštní místo mezi pokusnými letouny měla Avia B–534.139. Fotografie ji zachycují především s oblým chladičem, mělčím a kratším než u standardních letounů, kovovou vrtulí, ostruhovým kolečkem a hlavním podvozkem uspořádaným jako u prvního prototypu v jeho původní podobě, ale s kapotami kol zvláštního tvaru. Konstrukce hlavního podvozku zůstala zachována i poté, kdy letoun dostal standardní chladič, kluznou patku a dřevěnou vrtuli.

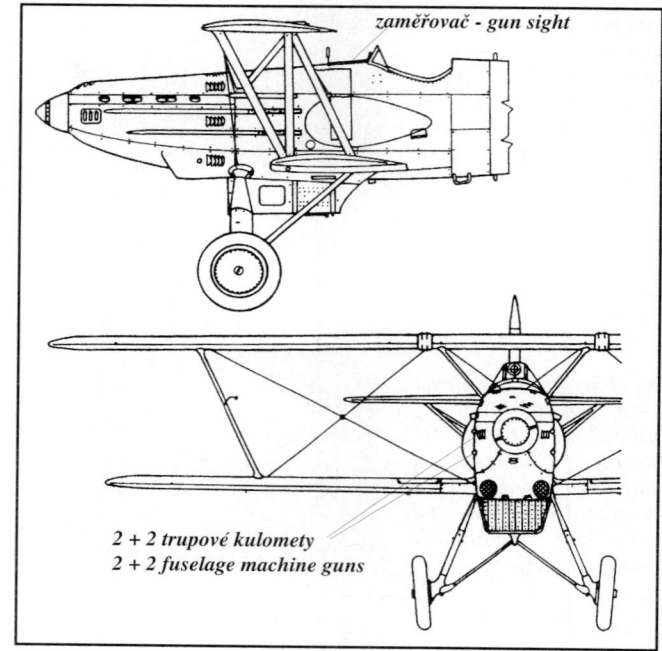

2 + 2 trupové kulomety
2 + 2 fuselage machine guns

B–534.139 s označením VTLÚ již po své úpravě do standardního provedení. (sbírka J. Janečky)
C/n 139 in VTLÚ marking after its modification to standard layout

Avia 534.1002, jeden ze dvou strojů určených pro Řecko. (sbírka J. Janečky)
One of the two B-534 machines destined for Greece, carrying the untypical Avia 534.1002 number (J. Janečka's collection)

As the armament/gunnery tests on the B–534.139 were successful, the machines of the second version (c/n B–534.102 to .147 were delivered with the armament of four guns in the fuselage sides. Besides the number of guns this Avias differed from the first version also by larger streamlined fuselage blisters, covering now the breeches of two guns per side instead of the previous one. In both manufacturer's and MNO's opinion the armament modification was not so vast as to justify to call it a new version of the basic type; so the version could be formally distinguished by the c/n only. Also the delivery conditions for the first procurement batch of 147 Avia B–534's ordered remained unaffected. This batch thus contains machines both with two MG's in bottom wings and two in fuselage and those with four guns in the fuselage only.

Besides the abovementioned batch there were produced the two machines for Greece, numbered out of sequence with constructor numbers Avia 534.1001 and .1002, as the manufacturer's c/n range for export machines was above 1000 and the "B" prefix was of course the manufacturer's code used by the Czechoslovak MoD.

At least nine of the first series–built B–534's were used for tests with metal, ground–adjustable airscrews and for testing of the suitability of the wheel aerodynamic fairings – the spats, that were originally not fitted. The teardrop canopies over the open cockpits, intended for the earlier – delivered machines, were tested on the B–534.136 and B–534.143 as late as 1938. But, while the metal airscrews and teardrop spats gradually became a standard fit on the series–built B–534's, the teardrop canopies over the open cockpits probably were apparently never installed. The later pictures of the Slovak and German machines with the canopies fitted depict probably just these two aeroplanes.

A special place among the test aircraft belonged to the B–534.139. The photographs depict it with a rounded radiator, shallower and shorter than those on standard aircraft, with a metal airscrew, a tailwheel instead of tailskid and with the main undercarriage arranged the same way as with the first prototype in its original form, but with special wheel spats of unusual shape. The main undercarriage design was unchanged even after the machine got a standard radiator, a tailskid and a wooden airscrew.

Pokusné letoun B–534.139 s nestandardními kapotami podvozku, jiným chladičem a kovovou vrtulí.(sbírka M.Balouse)

An experimental machine of the second version (c/n 139) with the non-standard undercarriage spats, different radiator and metal airscrew (M. Balous's collection)

AVIA B-534
tzv. 3. verze (kusové číslo, c/n 148 – 173)

V roce 1936 objednalo MNO v Avii dalších 46 kusů B–534 (čísel 148 až 193). Stejně jako v případě první objednávky byly dodány ve dvou různých podobách. Letouny kusových čísel 148 až 173, obvykle uváděné jako stroje tzv. třetí série či verze, měly nadále otevřený pilotní prostor a dřevěnou vrtuli Avia, stejně jako čtyři kulomety v trupu. Od B–534 tzv. druhé série či verze se však lišily jediným lapačem vzduchu pro kompresor pod vrtulovým kuželem a kapotami kol podvozku. Jednotky je dostávaly v březnu a v dubnu 1937.

Nahoře: Jediný lapač vzduchu pod vrtulí pro kompresor byl spolu s kapotami kol podvozku typický pro tzv. třetí verzi B–534.(sbírka J. Janečky)
The single chin air intake was, together with the wheel spats, typical for the third version of the B–534 (J. Janečka's collection)

B–534 kusových čísel 148, 158, 160, 161, 162 a 163 byly ve službách tzv. Slovenského státu.(sbírka J. Janečky)
B-534 c/n's 148, 158, 160, 161, 162, 163 served with the Slovak Air Arm. (Ing. J. Janečka's collection)

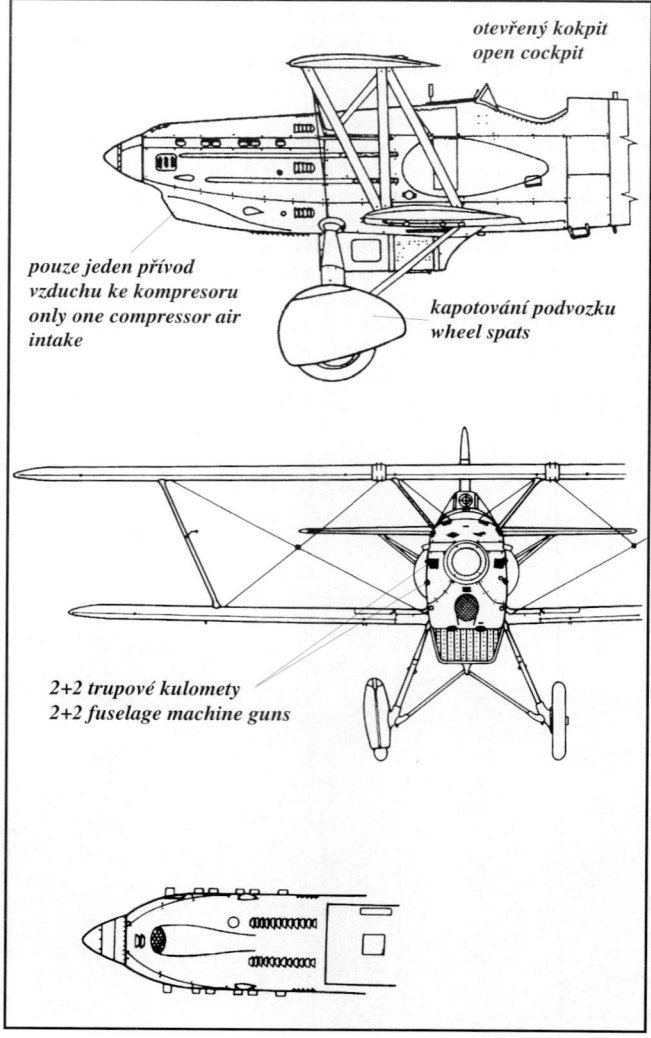

otevřený kokpit / open cockpit
pouze jeden přívod vzduchu ke kompresoru / only one compressor air intake
kapotování podvozku / wheel spats
2+2 trupové kulomety / 2+2 fuselage machine guns

Boční pohled na B–534.159 (sbírka autora)   *Side view of the B–534.159 (Author's collection)*

The MoD ordered the next, second procurement batch of 46 B–534's, c/n .148 to .193, in 1936. As with the first order, machines within the batch differed; those with c/n's B–534.148 to .173 belonged to the third version and the MoD received them in second half of 1936. These aircraft (.148 to .173) differed from the second version by the single compressor air intake under the airscrew spinner and by the wheel spats. Number and location of weapons, the wooden airscrew and the open cockpit was the same as on the second version. The units received them in March and April, 1937.

Hlavní rozdíly mezi třetí a čtvrtou "verzí" zachycuje snímek těchto dvou letounů – otevřená kabina s dřevěnou vrtulí a krytá kabina s kovovou vrtulí je odlišují na první pohled.(sbírka autora)

The main differences between the third and fourth version are depicted by this shot of two Avias – the open cockpit and the wooden airscrew against the enclosed cockpit and metal airscrew set these versions apart at a glance (Author's collection)

Největší počet "pětistovek byl dodán v podobě, kterou ukazuje tovární záběr B-534.190. (sbírka J. Janečky)
The majority of "fivehundreths" were delivered as shown by this factory photo of the B-534.190. (J. Janečka's collection)

AVIA B-534
tzv. 4. verze (kusové číslo, c/n 174 – 445)

Zbývající letouny z druhé objednávky (čísel 174 až 193) se od všech dosud vyrobených B–534 lišily již na první pohled. Tyto stroje tzv. čtvrté série či verze získaly uzavřený pilotní prostor vytápěný teplým vzduchem přiváděným od chladiče vody.
Na rozdíl od druhého prototypu, se střední část překrytu odsunovala vzad přes zvýšený hřbet trupu. Novinkou bylo také použití dvoulisté kovové vrtule Letov (Hochfeld) Hd–43. Výzbroj opět zahrnovala čtyři na bocích umístěné kulomety vz. 30 a stejný byl i podvozek, ale kapoty podvozkových kol u jednotek často odstraňovali, protože se na polních letištích zanášely blátem.
Vůbec první letouny s uzavřeným pilotním prostorem přišly k jednotkám v dubnu 1937, větší dodávky však začaly až v květnu.
Ještě před koncem roku 1936 MNO objednalo třetí, vůbec největší dodávku. Smlouva o ní byla původně uzavřena na 134 letouny (kusových čísel 194 až 327), ale vzhledem k sílící německé hrozbě byla roku 1937 rozšířena čtvrtou objednávkou o dalších padesát letadel (kusových čísel 328 až 377). Pátá a poslední objednávka ze srpna 1938 zněla na 68 letounů (kusových čísel 378 až 445) v ceně 306.000,– Kč za kus. Počet strojů Avia B-534, vyrobených pro československé vojenské letectvo, tak dosáhl čísla 445.
"Pětistovky" kusových čísel 194 až 445 se od předcházející skupiny nijak výrazně nelišily, protože zavedené změny vzhled letounů příliš neovlivnily. Od kusového čísla 194 výše to bylo především nahrazení kluzné patky ostruhovým kolečkem z tvrzené gumy (bylo zaměnitelné s kluznou patkou a později ho dostávaly i letouny nižších kusových čísel) a přidání pozičních světel na kýlovku a spodní křídlo. Tyto stroje měly i další vybavení pro noční lety. Jmenovitě se jednalo o osvětlení přístrojů na hlavní přístrojové desce a přidané kování na křídle pro nosič osvětlovací pumy Holt, takže až do čísla 377 byly označovány jako Avia Bn–534. Stejně však byly vybaveny i následující B–534 a časem i řada strojů nižších kusových čísel. Avie Bn–534 proto nepředstavují žádnou samostatnou verzi typu B–534. Šlo jen o tradici pokládat stroje pro noční létání za cosi odlišného, od které se upustilo poté, kdy vybavení pro noční lety už nebylo zvláštností, nýbrž standardem.

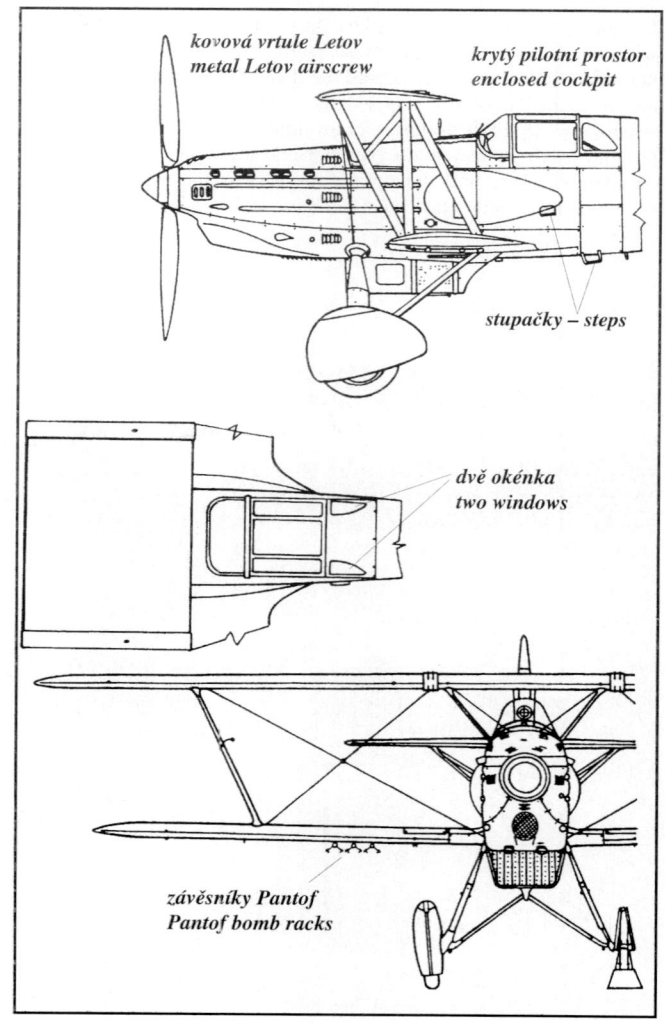

kovová vrtule Letov
metal Letov airscrew

krytý pilotní prostor
enclosed cockpit

stupačky – steps

dvě okénka
two windows

závěsníky Pantof
Pantof bomb racks

Řada letounů B–534 čtvrté "verze" na letišti továrny Avia v Praze–Čakovicích. (sbírka J. Janečky)
A line–up of B–534, fourth version, at the Avia factory airfield in Prague–Čakovice (J. Janečka's collection)

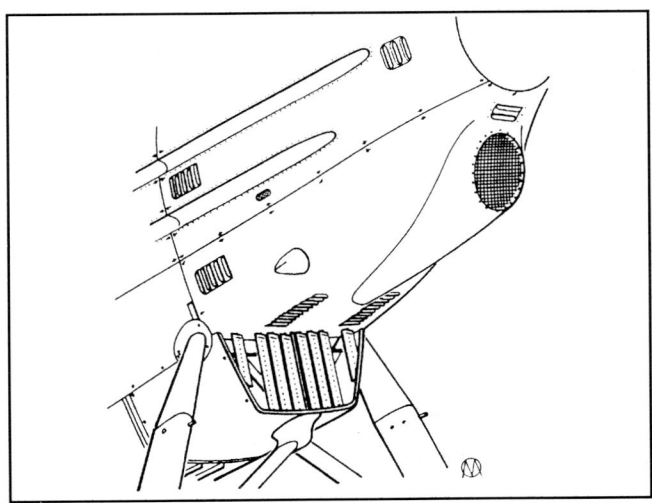

Také změny v uspořádání interiéru, jmenovitě hlavní přístrojové desky, souvisely mnohem více s bloky, ve kterých byly letouny objednávány než s jednotlivými podobami typu.

Důležitější byly rozdíly v přístrojovém vybavení. Jednalo se zejména o radiostanice a dýchací přístroje. Radiostanicemi vz.35 především nikdy nebyly vybaveny všechny letouny. Pro malý dosah se beztak užívaly jen ke spojení v roji, přičemž nekvalitní elektronky způsobovaly časté selhání. Tyto stanice sice odpovídaly standardu 30. let, nicméně k pozemnímu navádění na cíl mohly jen těžko sloužit nejen vzhledem k uvedeným nedostatkům, ale především proto, že spojení neprobíhalo přes mikrofon, nýbrž telegrafním klíčem!

Dýchací přístroje sice od počátku patřily ke standardnímu vybavení B–534. Pokud se však do nich skutečně instalovaly, šlo o různé a nejednou pramálo vyhovující typy, dodávané s náustky místo s maskou. Teprve 14. května 1938 zaslalo MNO firmám výzvu k podání nabídky na výrobu dýchačů vz.37, ale do kritického září nebylo dost času tento zásadní nedostatek ve vybavení našich letounů napravit.

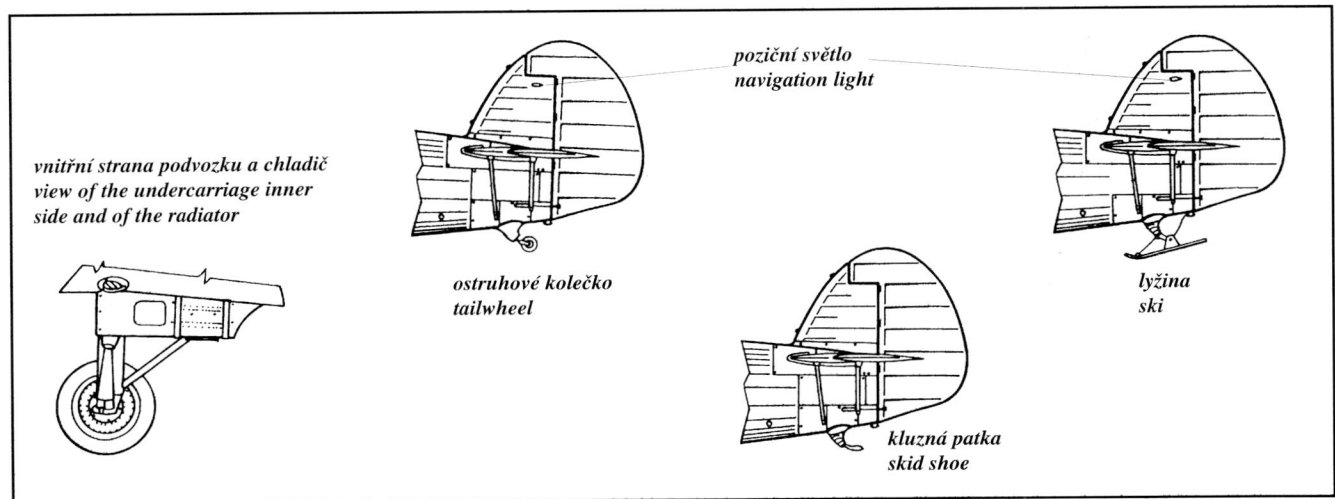

Avia se snažila využít dobrých výkonů a vlastností B–534 nejen k dodávkám pro československé vojenské letectvo, ale i k exportu, jak naznačila již předváděním druhého prototypu v Jugoslávii. Na rozdíl od předchozích BH–21 a BH–33 však úspěchu nedosáhla. Příčinou bylo především vytížení podniku rostoucími požadavky československé armády, danými nutností přípravy čelit německé expanzi v její nacistické, otevřeně násilné formě. V roce 1936 se sice tempo dodávek pro domácí uživatele po dokončení první výrobní série snížilo, omezená kapacita subdodavatelů však možnosti vytížení výrobní linky exportními zakázkami problematizovala. Jednání o dodávkách B–534 do Estonska, Polska, Belgie a Rumunska skončila vzhledem k neschopnosti Avie splnit požadované dodací lhůty neúspěchem.

Také dodávky do Jugoslávie, o nichž se někdy píše jako o doložené věci, jsou jen pověstí, vzniklou patrně záměnou s dodávkou dvanácti motorů Avia HS 12Ycrs jugoslávskému letectvu. Tyto motory byly určeny pro stíhací letouny domácí výroby Ikarus IK–2. Ve skutečnosti Avia prodala jen zmíněné dva letouny do Řecka. Úspěšný nebyl ani Letov, který na podzim 1938 byl pověřen prodejem výzbroje, přebytečné pro armádu republiky, zmrzačené Mnichovskou dohodou, následným polským ultimatem a Vídeňskou arbitráží. Francie sice uvažovala o koupi dvou set B–534, belgicko–holandská finanční skupina a Čína byly též ochotny nějaké převzít spolu s B–71, ale do likvidace Československa v březnu 1939 k dohodám nedošlo. Snahu Estonska koupit čtyřicet B–534 pro španělskou republikánskou vládu zmařil nový ministr zahraničí Chvalkovský.

K historii Avie B–534 přesto patří poměrně rozsáhlá služba mimo československé vojenské letectvo. Došlo k ní však jen v důsledku úspěchů německé expanze na sklonku 30. let.

Avia Bn–534.198 s imatrikulací OK–PAV létala ve službách Četnické letecké hlídky. (sbírka J. Janečky)

This Avia Bn–534.198, registered OK–PAV, served with the ČLH (Četnické letecké hlídky – Gendarmerie Air Patrols) (J. Janečka's collection)

The remaining machines produced under the second procurement contract, (c/n's .174 to .193) differed from all of the existing B–534's at a first glance. Belonging to the fourth version, they have got the enclosed cockpit heated with hot air channeled from the water radiator. In contrast to the second prototype, the canopy slid backwards, over the raised "humpback" fuselage fairing. A novelty was also the two–bladed Letov (Hochfeld) Hd–43 light–alloy airscrew. As with the third version, the armament included four vz. 30 guns in the fuselage sides and the same spatted undercarriage; the spats were often removed at the service unit level, as they were prone to clogging during operation on grass strips. The very first machines with enclosed cockpit arrived at the units in April 1937, but the regular supply begun in May only.

Still before the end of 1936 the MNO awarded the third, largest ever order for the B–534. The contract It as originally concluded was for 134 aircraft (c/n B–534.194 to .327), but owing to the growing German menace it was increased by the fourth contract for further 50 machines (c/n B–534.328 to .377). The last, fifth procurement order, placed in August 1938 was for 68 machines (c/n .378 to .445), priced at Kč 306 000,– apiece. The number of Avias B–534, produced for the Czechoslovak Air Force, thus reached 445.

The "Fivehundreths" from c/n 194 to 445 did not differ much from the previous batch as the changes that were introduced did not change the appearance of the airplane too much – the tailskid was replaced with a tailwheel made of solid hardened rubber (retrofitted to machines with lower c/n's in place of the skid) and the navigation lights were added to the vertical fin and the bottom wing. Thus modified machines got further night–flying equipment, namely the illumination of instruments on the main panel and the fittings for the Holt illumination bomb carrier, causing their redesignation as the Bn–534 (n for noční – night). The last machine so designated was the c/n .377. But the subsequent aircraft continued to be night–equipped as well, and the night flying gear was installed to

Stroje 13. letky u Slovenských vzdušných zbraní. (J. Janečka) Machines of the 13. letka (13th Sq.) of the Slovak Air Arm. (J. Janečka's collection)

a number of machines with lower c/n's. The Bn–534 is therefore not a stand–alone version.

Also the internal changes in the cockpit, especially of the main instrument board, were related much more to procurement batches than to the individual appearance of the airplane.

More important were the differences in equipment, especially in the radio gear and in oxygen breathing apparatus. First and foremost – the radio sets vz. (for Vzor – Model) 35 were never installed into all machines, while their short range limited their routine use to communication between the aircraft; their low–grade vacuum tubes were cause of frequent breakdowns. But above all – while these radio sets were designed to the standard of the thirties, they were ill suited to any GCI (ground control interception) environ-

Letový záběr B–534 ze stavu 46. letky leteckého pluku 4 (trupové písmeno G).sbírka J. Janečky
An in–flight photo of a B–534 serving with 46th letka (Squadron) of the 4th letecký pluk (Air Regiment). Fuselage code G (J. Janečka's collection)

Nabíjení kulometů vz. 30 u B–534 z výzbroje Slovenských vzdušných zbraní. (sbírka J. Janečky)
Loading ammunition to the vz.30 MG's of a machine serving with the Slovak Air Arm (J. Janečka's collection)

ment not only because of their shortcomings, but especially because not a radiotelephone, but a Morse code (telegraph) sent by keying was the way of communication.

The oxygen breathing apparatus may well be the standard fit, but they were, if installed at all, of different, more than once unsatisfactory types with mouthpieces instead of masks. Only on 14th May, 1938, did the MNO issue a bidding specification (request for proposal) to the industry for the breather vz. 37; and until the critical Munich September not enough time was available to remedy this essential shortcoming of our aircraft.

Avia tried to take advantage of the good performance and characteristics of the B–534 not only for sales of the aircraft to the Czechoslovak Air Force, but also for export, as it suggested by sales tour of the second prototype in Yugoslavia. But, in contrast to the preceding BH–21 and BH–33, it did not achieve a success. The reasons were manifold – the primary one was the filling of the capacity of the company by increased demands of the Czechoslovak Air Force which were necessitated by the preparations to stem the German expansion in its Nazi, openly violent form. In the 1936, after finishing the first batch, the delivery rate to the home customers slowed down a little, but the limited production capacities of the subcontractors made the possibility of filling the production line to its capacity with foreign orders a remote one. The negotiations of the deliveries of B–534's to Estonia, Poland, Belgium and Rumania ended in failure because of Avia's inability to fulfill the required delivery schedules. Also the reported deliveries to Yugoslavia that are sometimes presented as a proven thing, are in fact a rumour, based on the real fact of delivery of twelve Avia HS–12Ycrs to the Yugoslav Air Force. These engines were destined for the indigenous Ikarus IK–2 fighters. So the only foreign sales of the B–534 were the two machines of the second version, sold to Greece. Neither Letov met with success when it was charged in late autumn of 1938 to sell off the armament, suddenly made surplus to the needs of the armed forces of the Republic, mutilated by the Munich agreement, the subsequent Polish ultimatum and by the Arbitration of Vienna. While France considered buying of two hundred of the B–534's, the Belgian–Dutch financial group and China were willing to take over some machines together with the B–71 (the Tupolev SB–2, built under licence in Czechoslovakia), none came to fruition before liquidation of Czechoslovakia. Also the Estonian effort to buy forty B–534 for the Spanish Republican government were thwarted by the new foreign minister Chvalkovský. The history nevertheless records that the Avia B–534 was to eventually have, despite lack of export successes, a rather widespread service outside of the Czechoslovak Air Force. Ironically, the type owes it to the very enemy against which it was poised from the beginning – to expansionist Nazi Germany and its geopolitical successes of late 1930's.

V období zářiové mobilizace v roce 1938 byly z trupu letounů plukovní znaky odstraňovány a někdy i další označení. V tomto případě byla příslušnost k leteckému útvaru nahrazena kusovým číslem stroje. (sbírka autora)

During the September 1938 mobilization the regimental badges were removed, often together with other identification markings. In this case the unit's code was replaced with the c/n of the machine (Author's collection)

Pilotní prostor - Pilot's cockpit

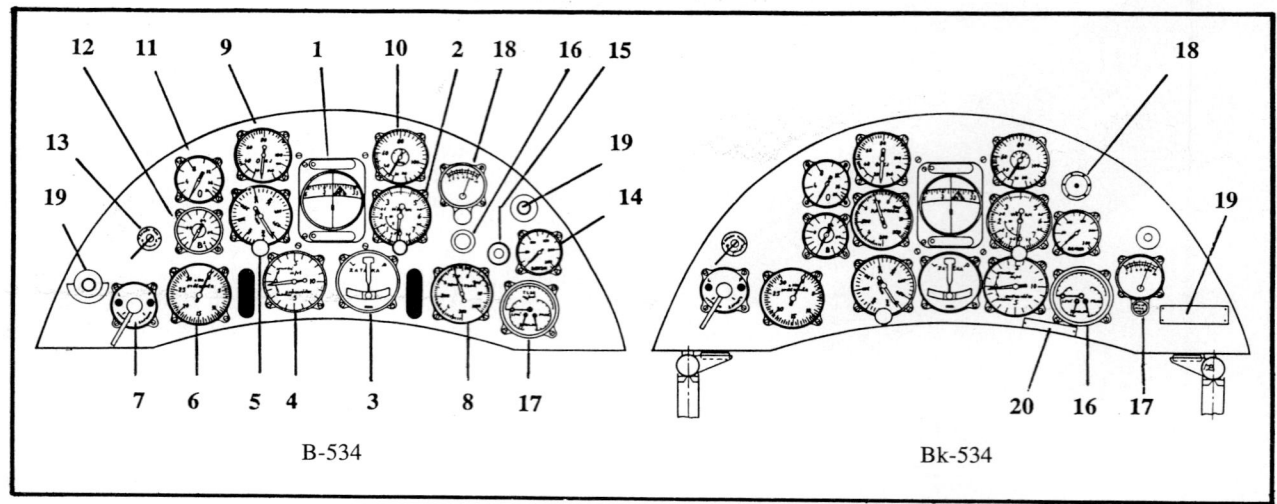

B-534   Bk-534

B-534 (třetí a čtvrtá verze/third and fourth version)
1. Kompas-Compass
2. Výškoměr-Altimeter
3. Zatáčkoměr-Turn indicator
4. Variometr-Rate of climb indicator
5. Rychloměr-Air speed indicator
6. Otáčkoměr-Tachometer
7. Přepínač magnet-Magneto switch
8. Tlakoměr kompresoru-Supercharger pressure gage
9. Teploměr oleje-Oil temperature gage
10. Teploměr vody-Water temperature gage
11. Tlakoměr oleje-Oil pressure gage
12. Tlakoměr paliva-Fuel pressure gage
13. Palivový kohout-Fuel control
14. Palivoměr-Fuel gauge
15. Nastřikovací pumpa Avia
    Avia engine priming fuel pump
16. Čerpadlo palivoměru-Fuel level gage pump
17. Tlakoměr brzd Dunlop-Brake pressure gage
18. Tlakoměr dýchače-Oxygen pressure gage
19. Kontrola nabíjení zbraní-"Guns charged" indicator

Bk-534
16. Tlakoměr brzd Dunlop
    Dunlop brake pressure gauge
17. Tlakoměr dýchače
    Oxygen breather pressure gauge

18. Pojistka kanónu-Cannon safetying control
19. Typový štítek-Type placard
20. Štítek pomocného mazání
    Auxiliary lubrication placard

"A"   Umístění u 4. verze a Bk-534
      Location on the 4th version and on the Bk-534

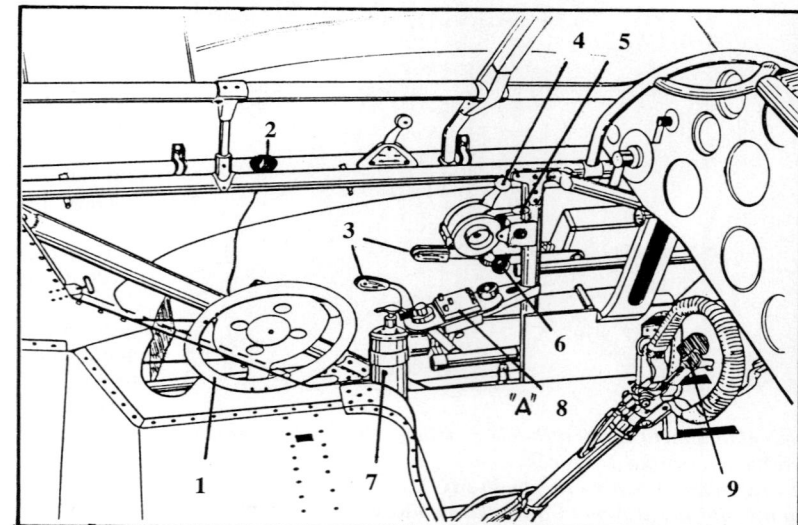

B-534 (čtvrtá verze/fourth version)
Pravá strana-Starboard side
1. Spínací skříňka-Switch box
2. Kulomet-Machine gun
3. Signální pistole-Flare pistol
4. Ovládání fotokulometu-Cine-gun control
5. Elektromagnet- Electromagnet
6. Náboje pro signální pistoli-Flare pistol cartridges
7. Kožená taška na mapy-Leather map case

Levá strana-Port side
1. Kolo nastavení výškového stabilizátoru
    Horizontal stabilizer adjustment (trim) handwheel
2. Ukazatel polohy výškového stabilizátoru
    Horizontal stabilizer position (trim) indicator
3. Páka natahování a nabíjení kulometu
    MG cocking and charging lever
4. Plynová páka-Throttle lever
5. Výšková korekce-Mixture control
6. Ovládání žaluzií chladiče-Radiator shutter control
7. Tlakové čerpadlo-High-pressure pump
8. Shoz pum-Bomb release
9. Spoušť kulometů-Machine gun trigger

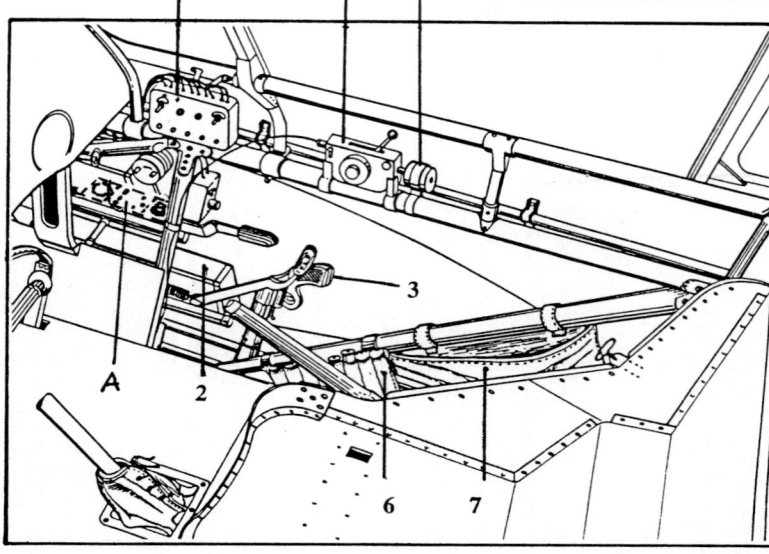

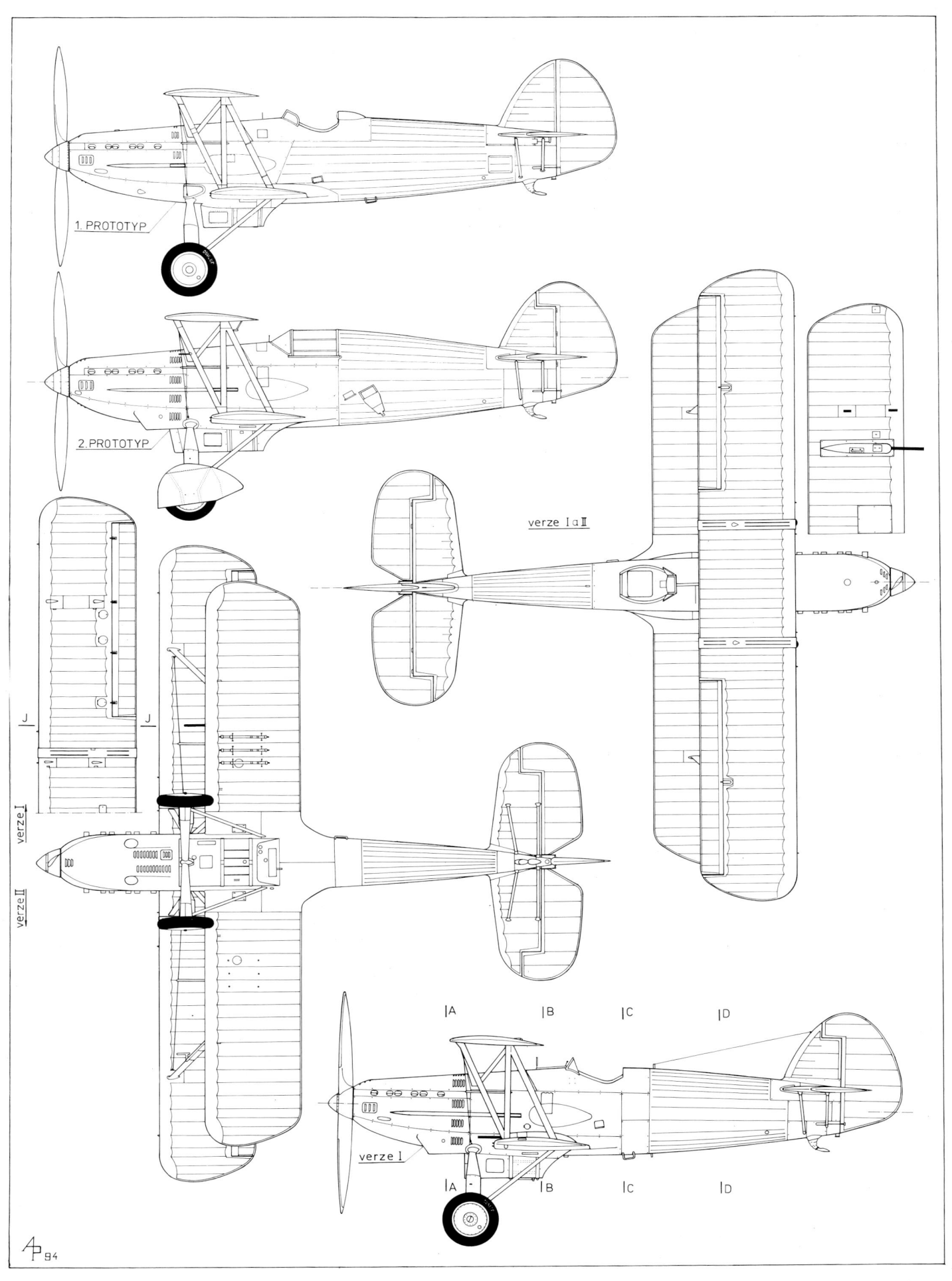

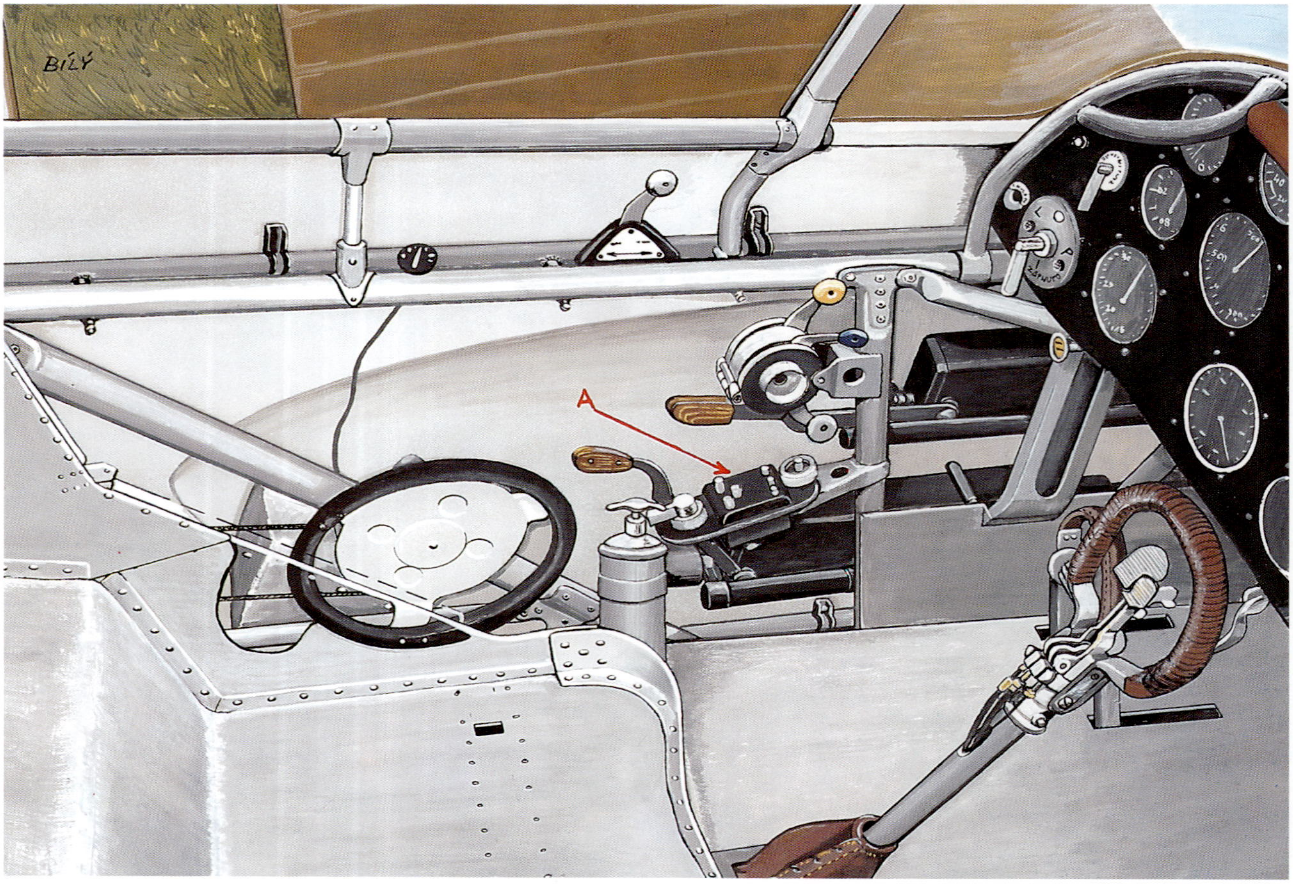
BÍLÝ
A

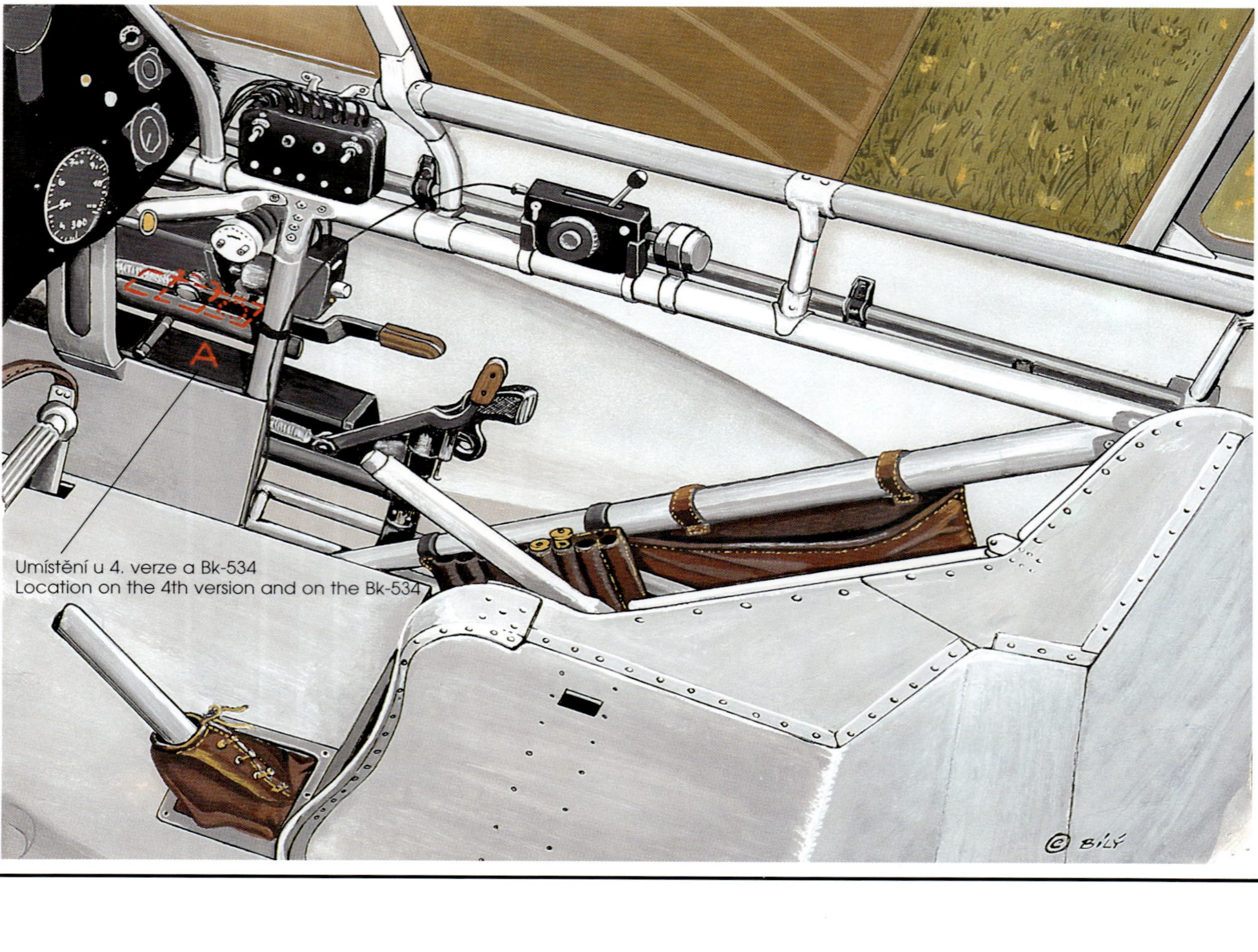
A
Umístění u 4. verze a Bk-534
Location on the 4th version and on the Bk-534
© BÍLÝ

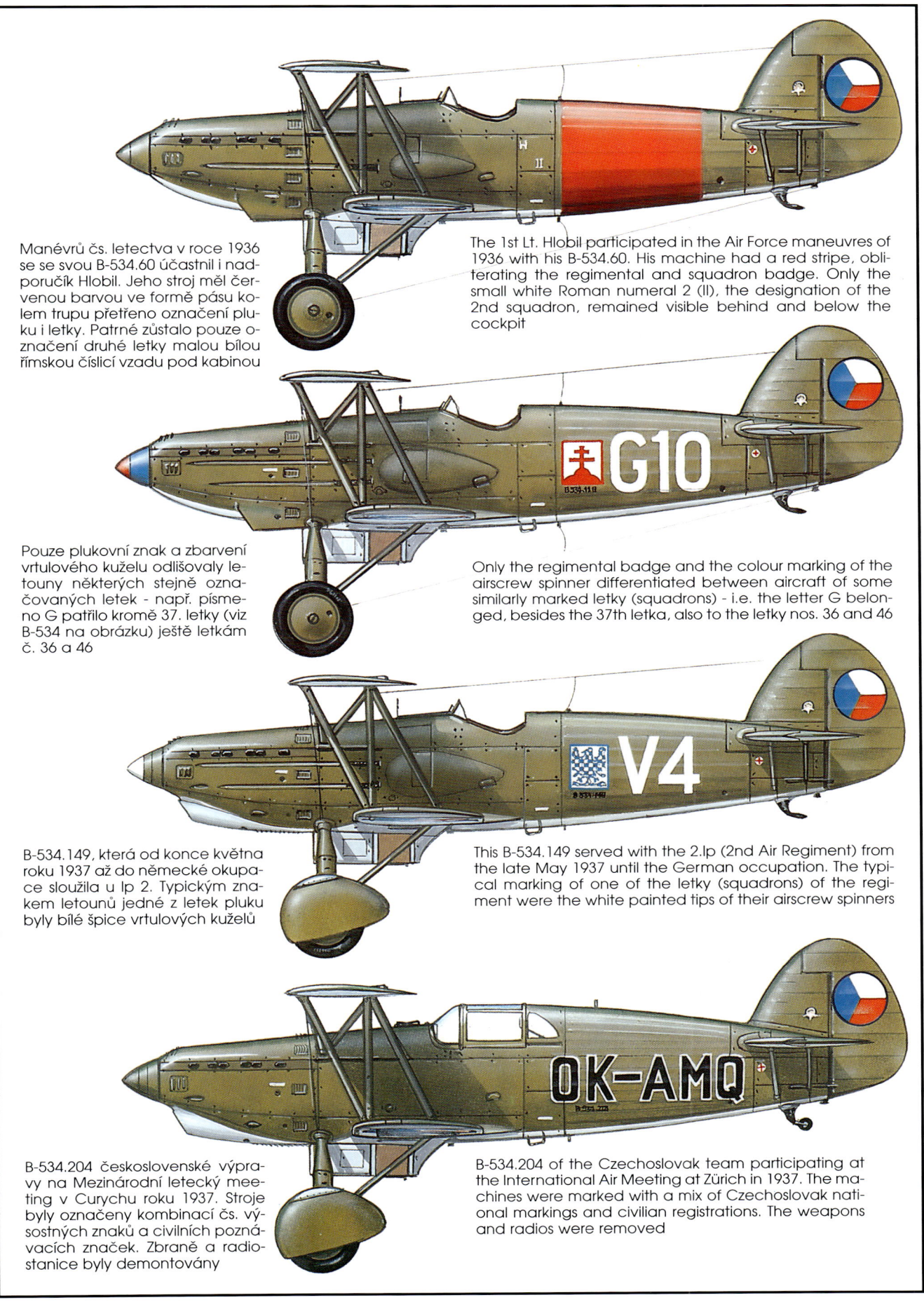

Manévrů čs. letectva v roce 1936 se se svou B-534.60 účastnil i nadporučík Hlobil. Jeho stroj měl červenou barvou ve formě pásu kolem trupu přetřeno označení pluku i letky. Patrné zůstalo pouze označení druhé letky malou bílou římskou číslicí vzadu pod kabinou

The 1st Lt. Hlobil participated in the Air Force maneuvres of 1936 with his B-534.60. His machine had a red stripe, obliterating the regimental and squadron badge. Only the small white Roman numeral 2 (II), the designation of the 2nd squadron, remained visible behind and below the cockpit

Pouze plukovní znak a zbarvení vrtulového kuželu odlišovaly letouny některých stejně označovaných letek - např. písmeno G patřilo kromě 37. letky (viz B-534 na obrázku) ještě letkám č. 36 a 46

Only the regimental badge and the colour marking of the airscrew spinner differentiated between aircraft of some similarly marked letky (squadrons) - i.e. the letter G belonged, besides the 37th letka, also to the letky nos. 36 and 46

B-534.149, která od konce května roku 1937 až do německé okupace sloužila u lp 2. Typickým znakem letounů jedné z letek pluku byly bílé špice vrtulových kuželů

This B-534.149 served with the 2.lp (2nd Air Regiment) from the late May 1937 until the German occupation. The typical marking of one of the letky (squadrons) of the regiment were the white painted tips of their airscrew spinners

B-534.204 československé výpravy na Mezinárodní letecký meeting v Curychu roku 1937. Stroje byly označeny kombinací čs. výsostných znaků a civilních poznávacích značek. Zbraně a radiostanice byly demontovány

B-534.204 of the Czechoslovak team participating at the International Air Meeting at Zürich in 1937. The machines were marked with a mix of Czechoslovak national markings and civilian registrations. The weapons and radios were removed

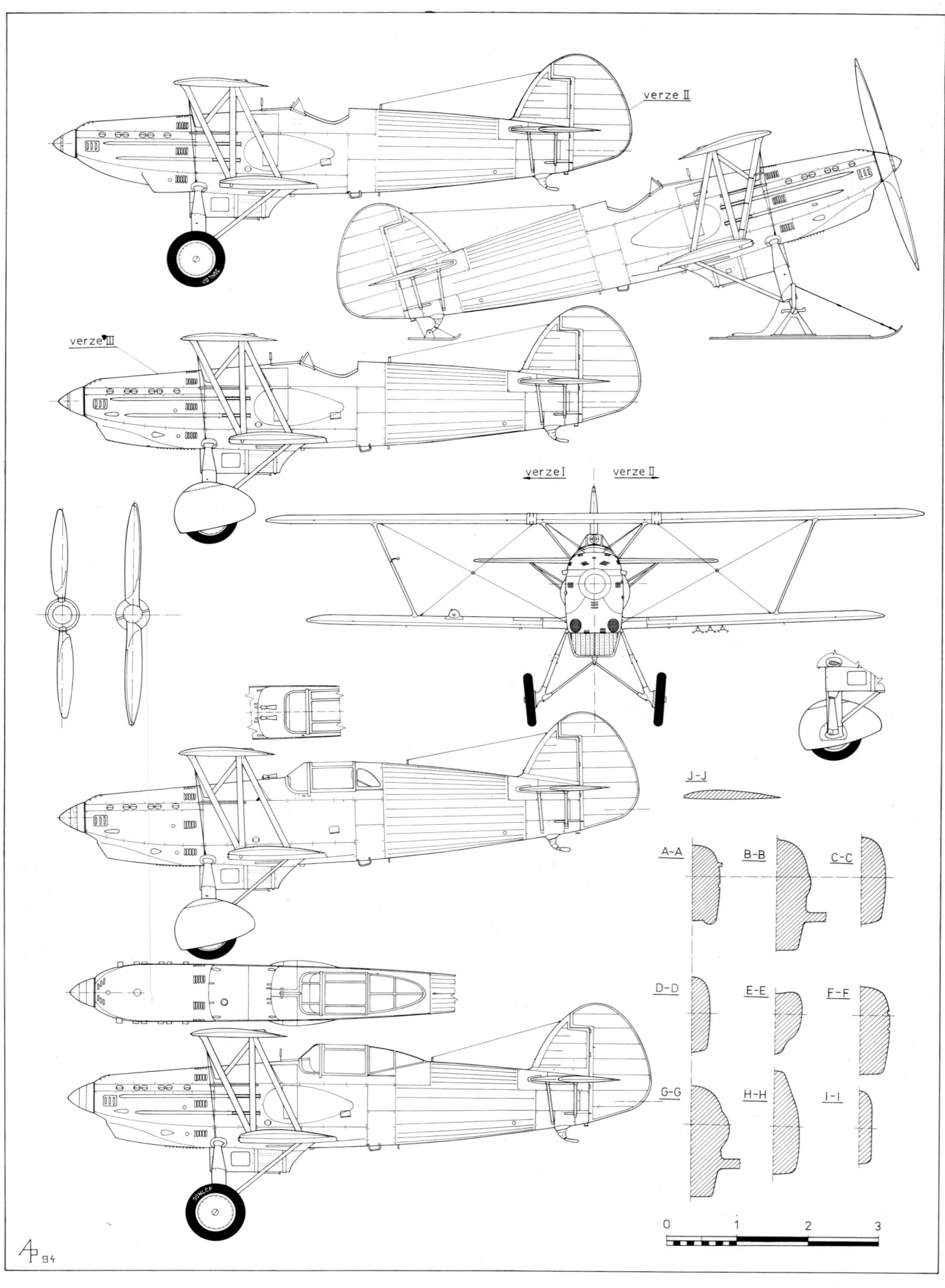

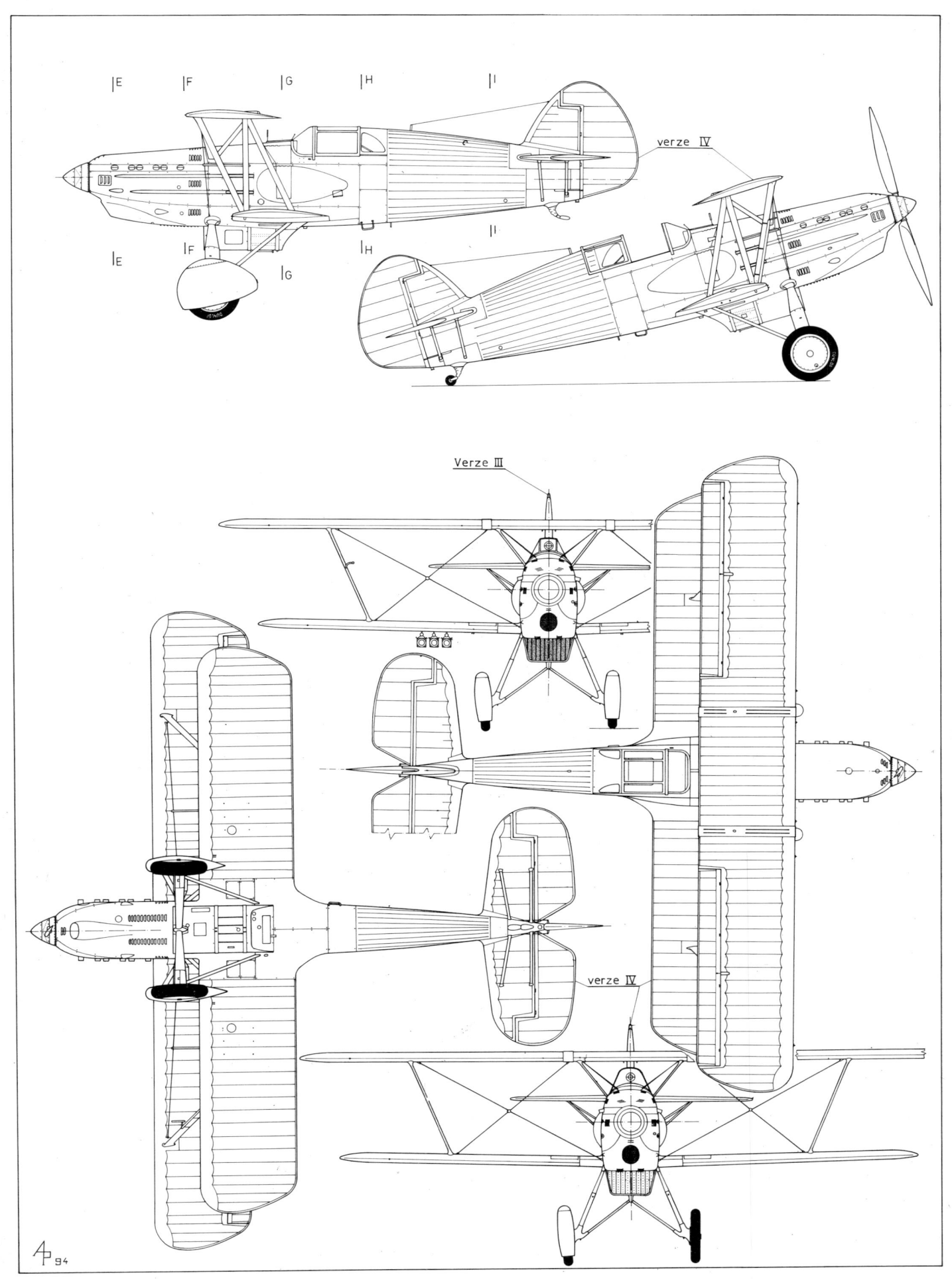

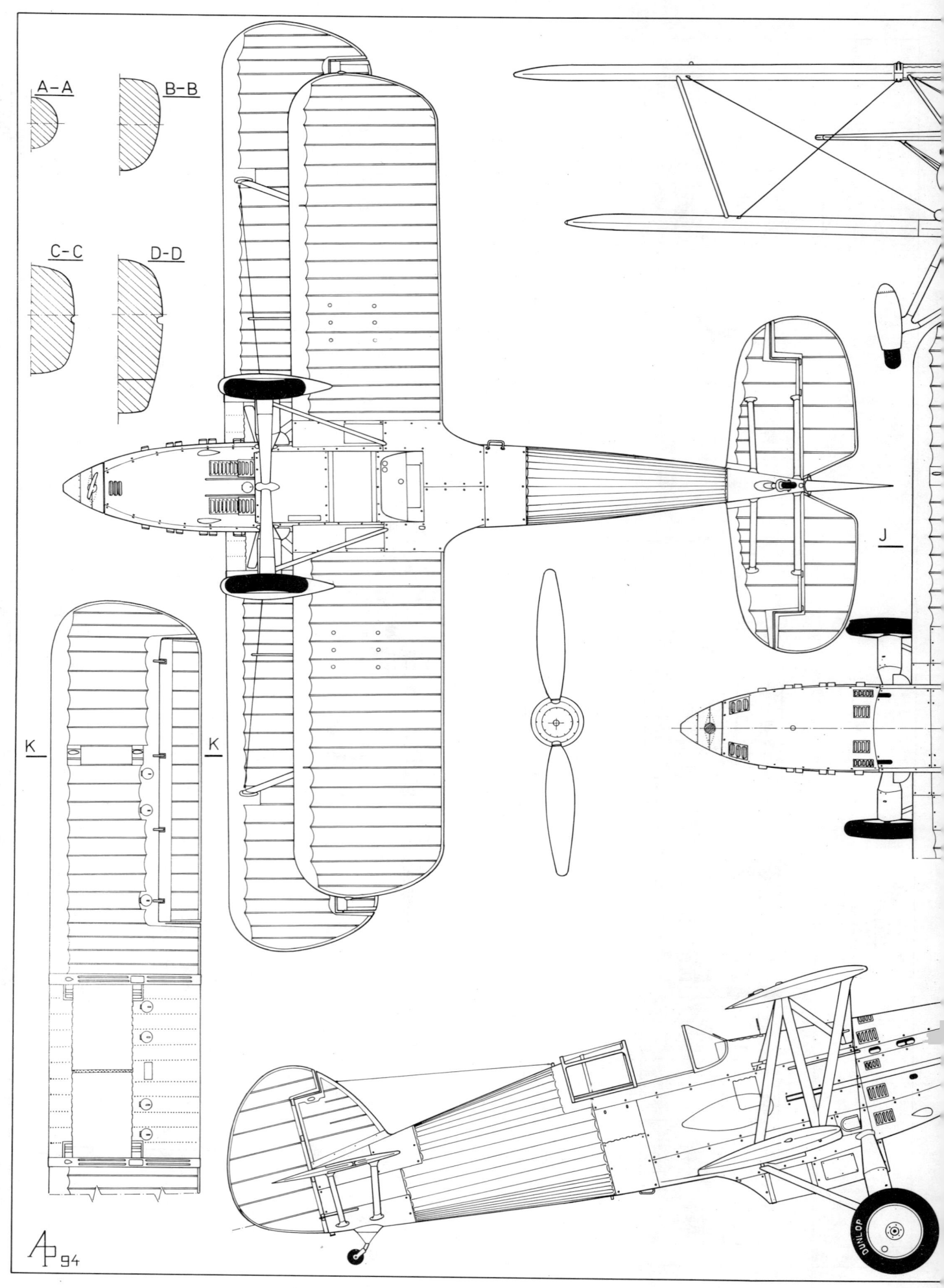

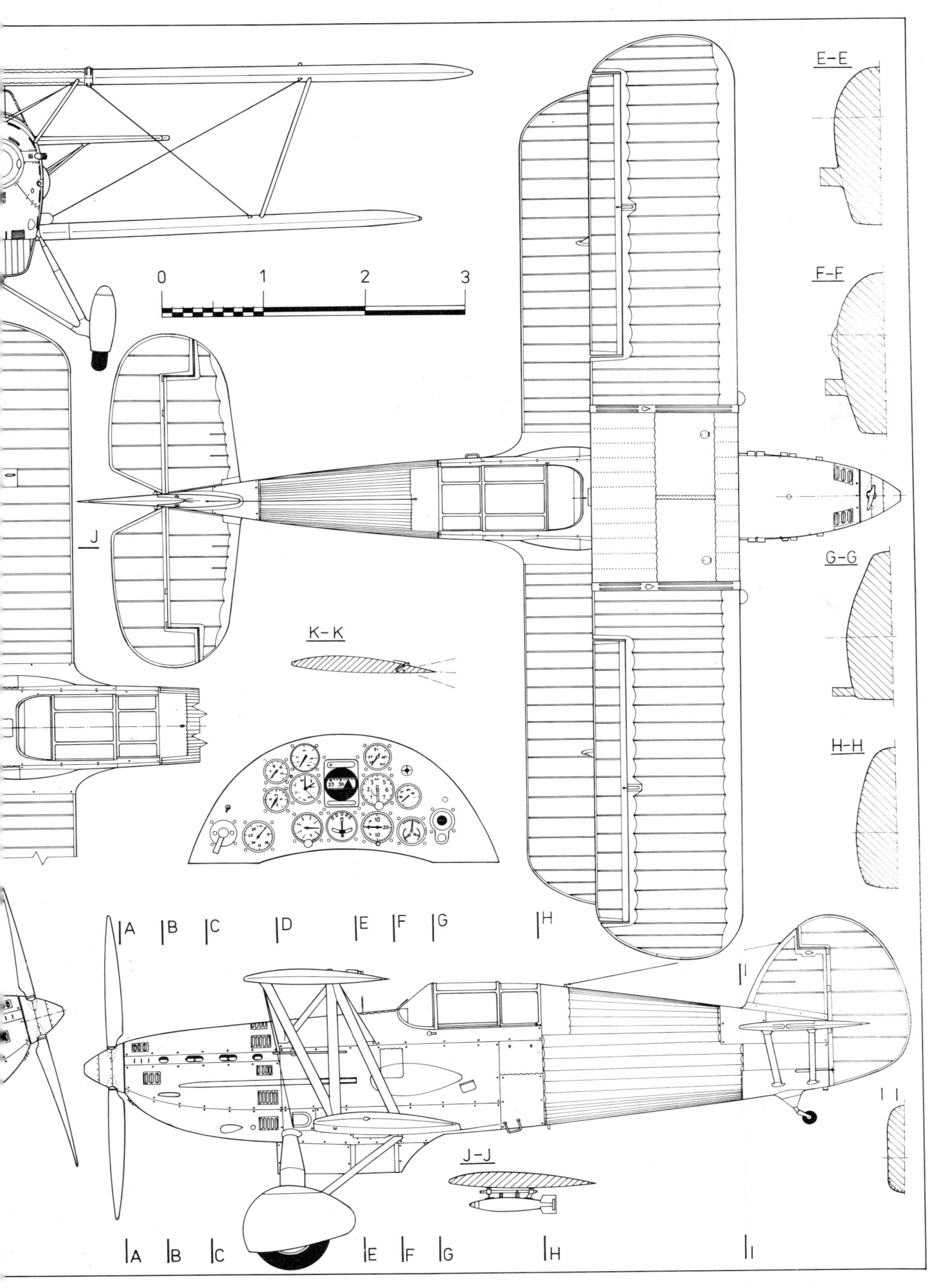

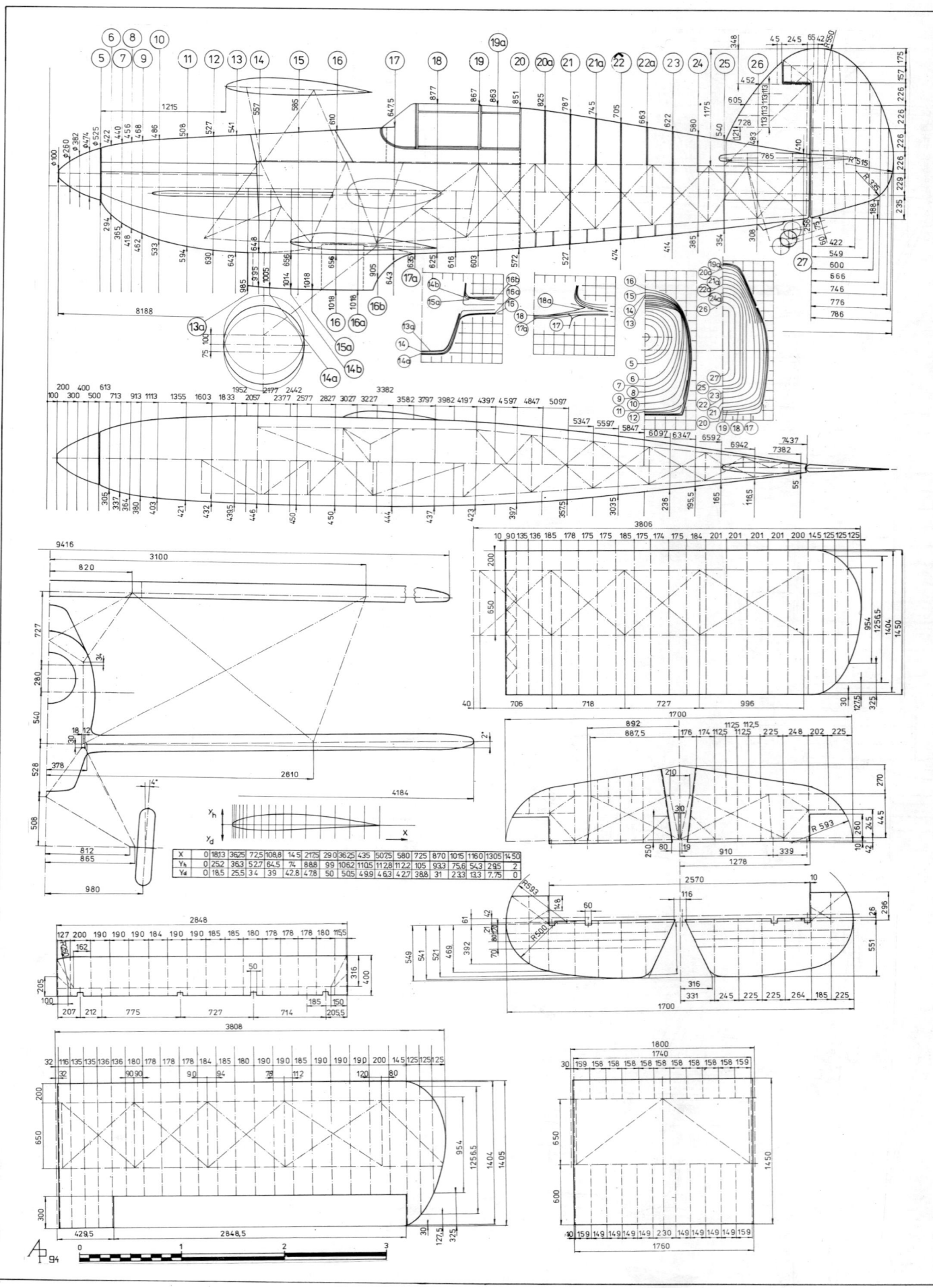

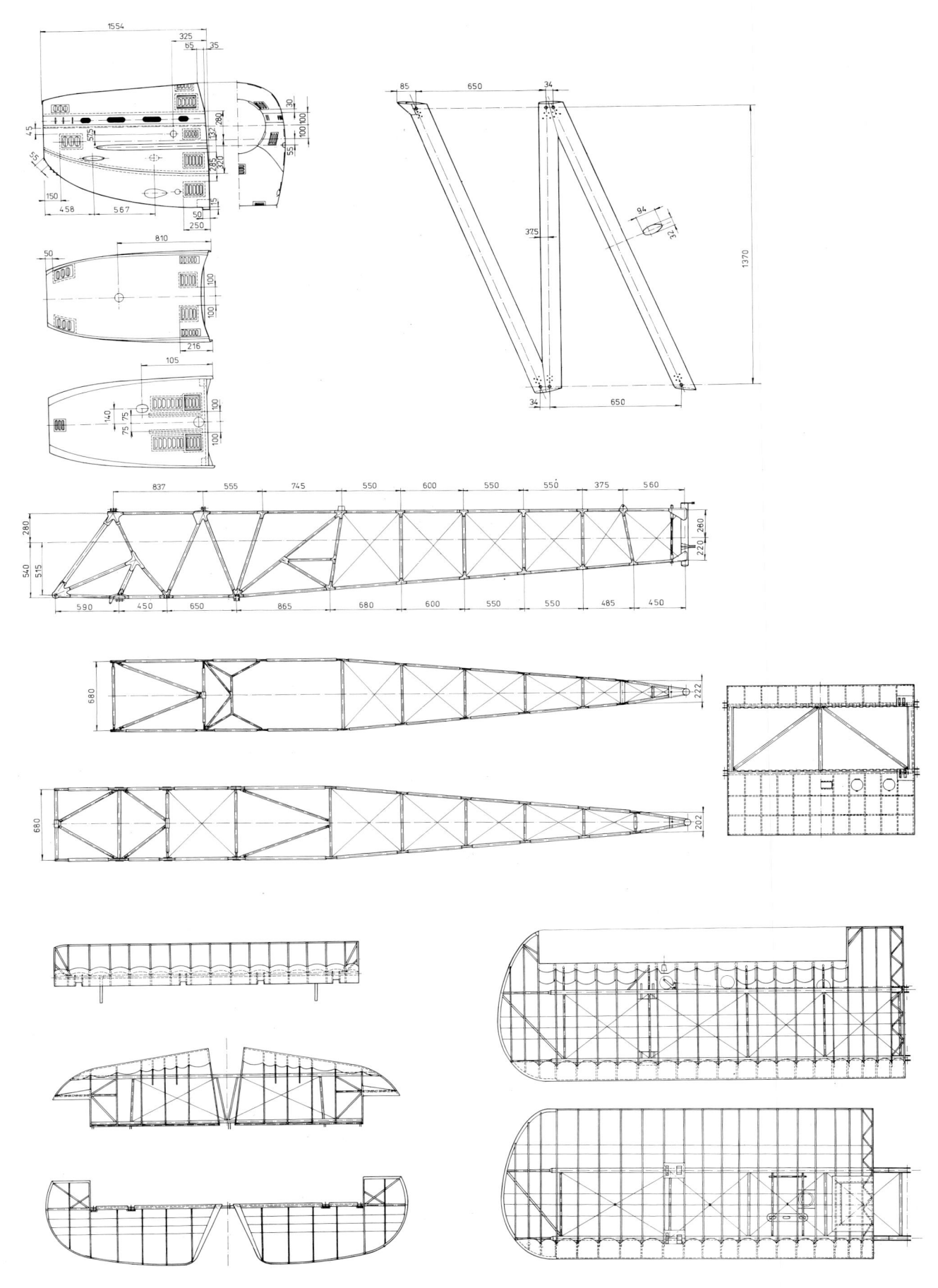

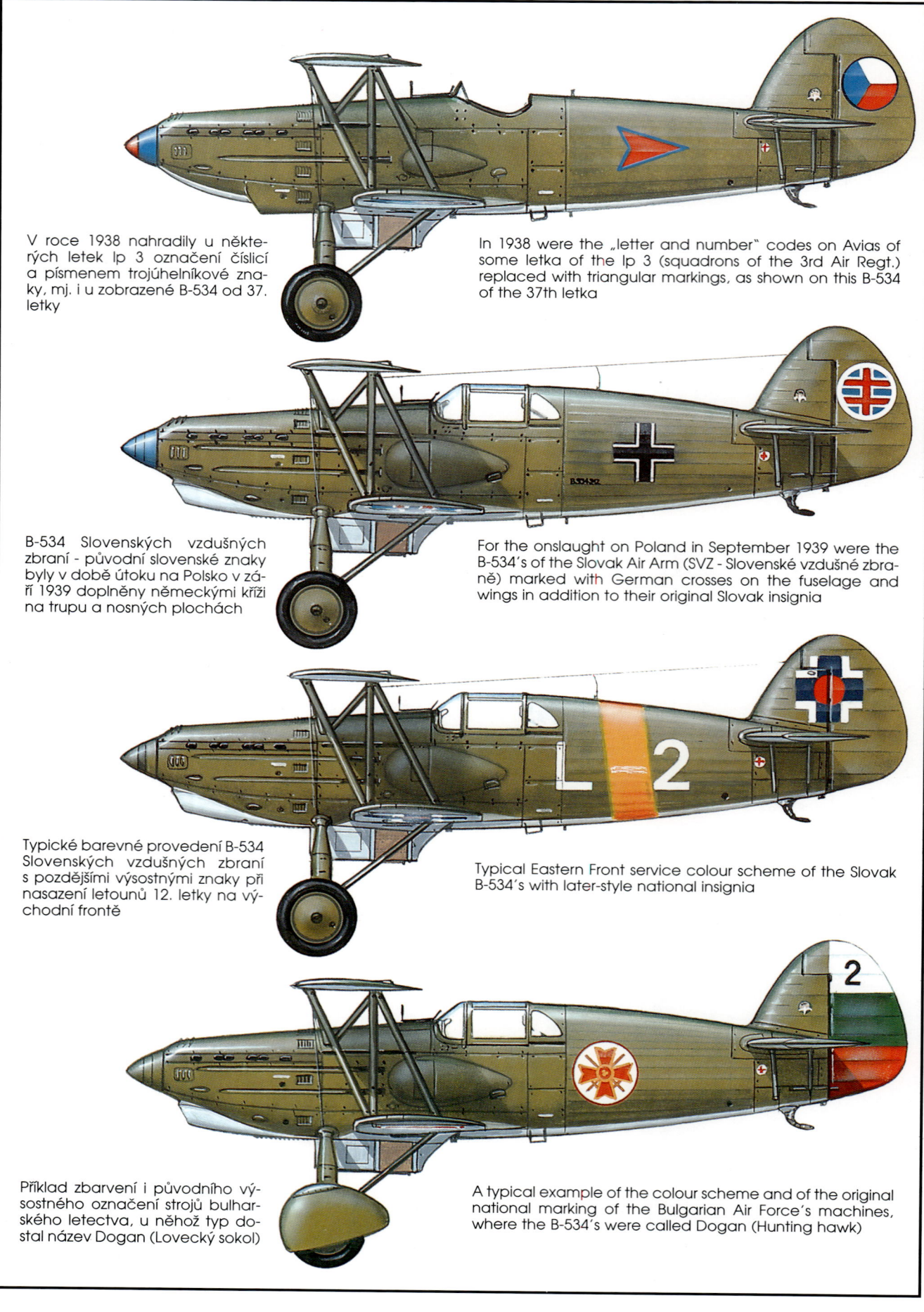

V roce 1938 nahradily u některých letek lp 3 označení číslicí a písmenem trojúhelníkové znaky, mj. i u zobrazené B-534 od 37. letky

In 1938 were the „letter and number" codes on Avias of some letka of the lp 3 (squadrons of the 3rd Air Regt.) replaced with triangular markings, as shown on this B-534 of the 37th letka

B-534 Slovenských vzdušných zbraní - původní slovenské znaky byly v době útoku na Polsko v září 1939 doplněny německými kříži na trupu a nosných plochách

For the onslaught on Poland in September 1939 were the B-534's of the Slovak Air Arm (SVZ - Slovenské vzdušné braně) marked with German crosses on the fuselage and wings in addition to their original Slovak insignia

Typické barevné provedení B-534 Slovenských vzdušných zbraní s pozdějšími výsostními znaky při nasazení letounů 12. letky na východní frontě

Typical Eastern Front service colour scheme of the Slovak B-534's with later-style national insignia

Příklad zbarvení i původního výsostného označení strojů bulharského letectva, u něhož typ dostal název Dogan (Lovecký sokol)

A typical example of the colour scheme and of the original national marking of the Bulgarian Air Force's machines, where the B-534's were called Dogan (Hunting hawk)

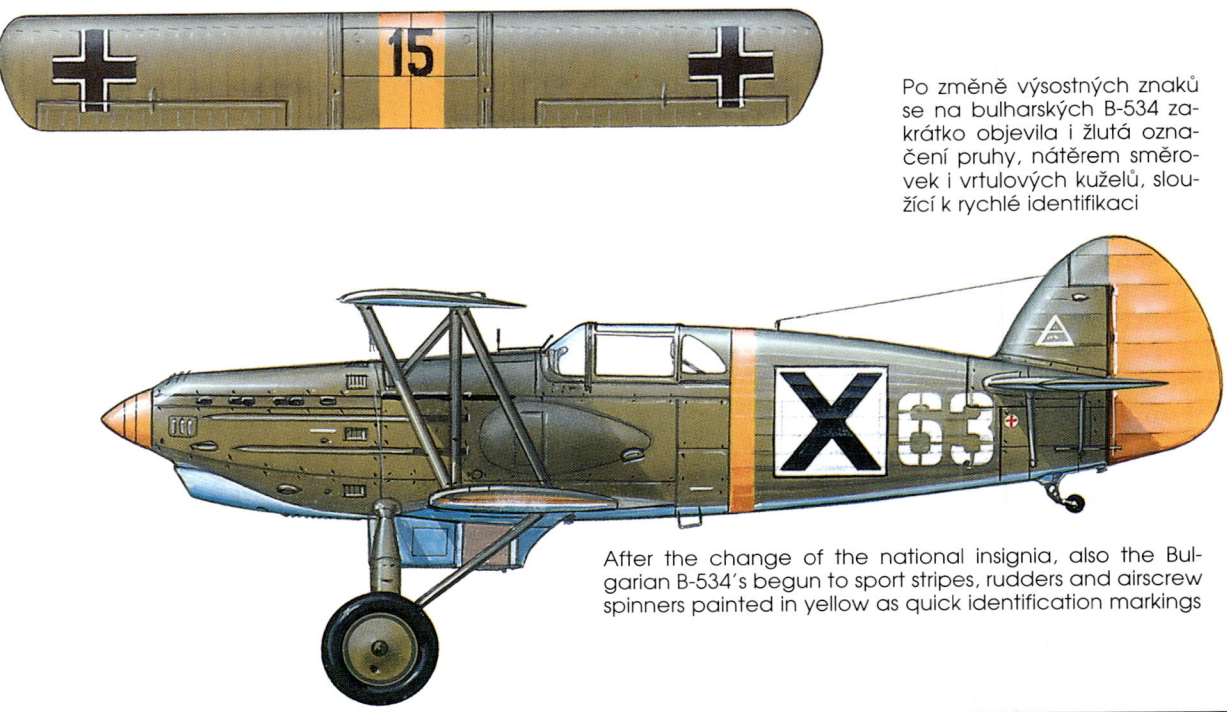

Němci ukořistěné stroje B-534 byly zařazeny jako pokračovací cvičné k pilotním školám Luftwaffe. Letoun s velkým „obrysovým" číslem 55 létal u jedné z nich. Žluté pruhy či pole neoznačovaly pouze letouny Luftwaffe a jejích spojenců operující na východní frontě, ale byly někdy také označením několika pilotních škol doma v Německu

The machines requisitioned by the Germans, mostly of older versions, were used as advanced/operational trainers with the Luftwaffe's flying schools. The machine with a large „outline" numeral 55 flew with one of these units

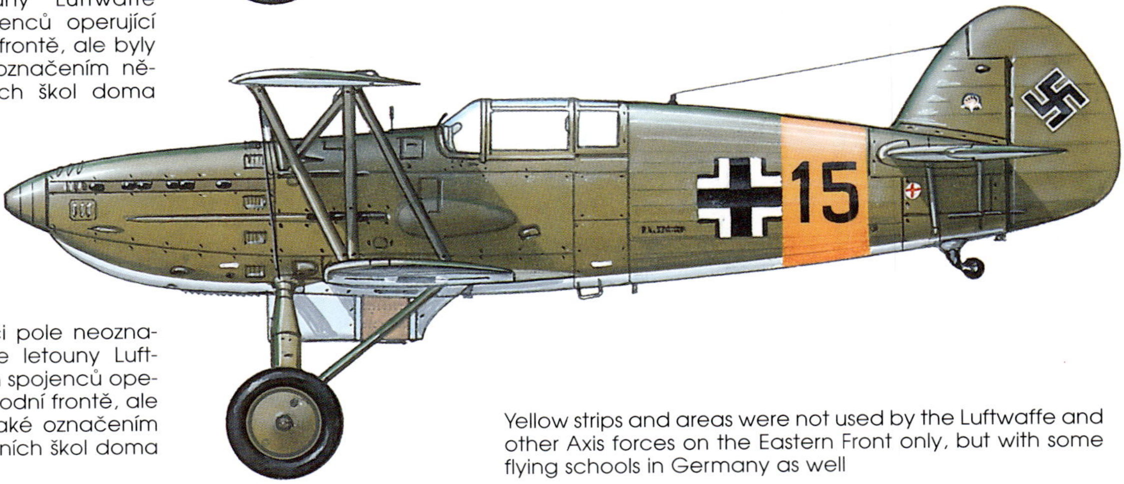

Žluté pruhy či pole neoznačovaly pouze letouny Luftwaffe a jejích spojenců operující na východní frontě, ale byly někdy také označením několika pilotních škol doma v Německu

Yellow strips and areas were not used by the Luftwaffe and other Axis forces on the Eastern Front only, but with some flying schools in Germany as well

Po změně výsostných znaků se na bulharských B-534 zakrátko objevila i žlutá označení pruhy, nátěrem směrovek i vrtulových kuželů, sloužící k rychlé identifikaci

After the change of the national insignia, also the Bulgarian B-534's begun to sport stripes, rudders and airscrew spinners painted in yellow as quick identification markings

Charakteristickým rysem kanónové verze Bk–534 byla především zaoblená, aerodynamicky čistší příď. (sbírka J. Janečky)
The Bk–534 was discernible at a first glance by the much more rounded, streamlined nose contours (J. Janečka's collection)

AVIA Bk-534

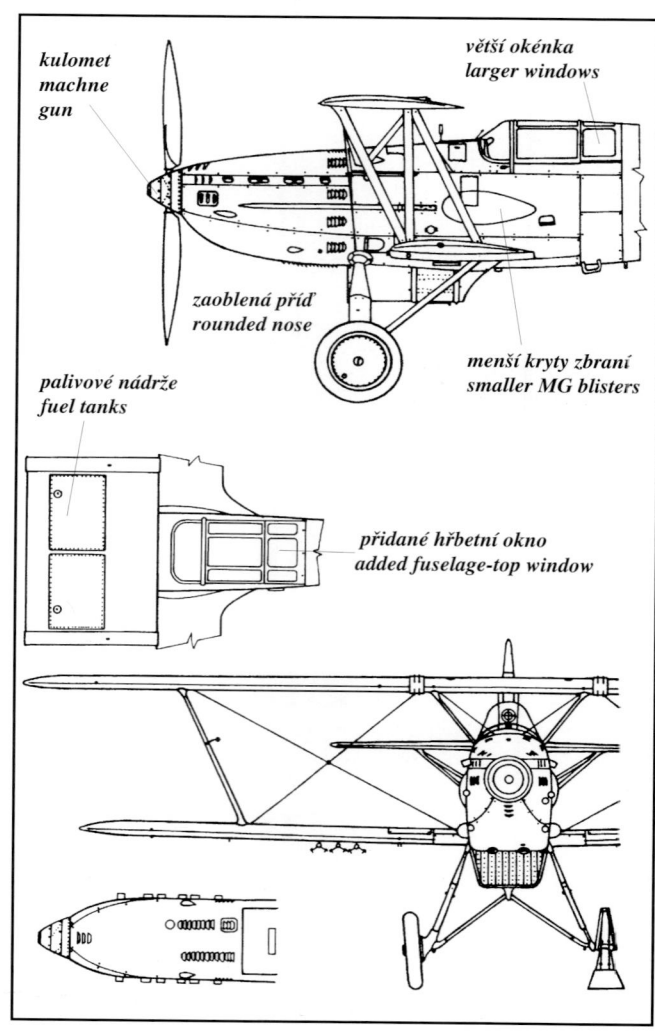

Již při jednání o licenční výrobě motorů Hispano Suiza HS 12 se počítalo s možností zařadit do výzbroje stíhačky nesoucí nejen kulomety, ale i kanóny. Proto byla zakoupena licence i na verzi HS 12Ycrs a po instalaci tohoto motoru do druhého prototypu B-534 v roce 1936 začaly intenzívní zkoušky vlastností "pětistovky", vyzbrojené kombinací dvou kulometů vz. 30 a 20mm kanónu Hispano 402, nazývaného v dobové terminologii též "velký" či "hruborážový" kulomet. Na základě úspěšných zkoušek byla vyvinuta zvláštní verze Bk–534 a zavedena do sériové výroby. Letouny z ní dodávané však kanón nikdy nenesly.

MNO totiž trvalo na tom, aby místo osvědčeného a mateřskou firmou i Avií vyzkoušeného spojení kanónu s motorem Hispano Suiza byl použit švýcarský kanón Oerlikon FFS–20. Vsetínská zbrojovka ho tehdy začínala vyrábět pro československé pozemní jednotky jako velkorážný protiletecký kulomet VKPL vz.36 a 227 kusů již bylo zakoupeno přímo ve Švýcarsku. Letadlový kanón Hispano 402 byl také jeho licenční verzí a požadavek MNO byl tudíž na první pohled zcela racionální. Původní švýcarský vzor měl však uložení odlišné od své francouzské kopie a nezbývalo tedy, než rekonstruovat umístění i tvar patek na motoru, uložení výstřelové trubky s tlumičem, ovládání a další prvky. To vše se zkoušelo až na Bk–534.501, prvním letounu této verze, který poprvé vzlétl 29.4.1938.

Mezitím, v roce 1937, byla Avia Bk–534 objednána v počtu 50 kusů a krátce na to přiobjednány další čtyři stroje. Letouny dodávané na základě této objednávky měly kusová čísla Bk–534.501 až 554. Dalších šestašedesát strojů (kusových čísel 555 až 620) bylo objednáno těsně před mnichovskou krizí Do zahájení výroby prvních objednaných letounů, na konci léta 1938, nebyly problémy s rekonstrukcí dosud vyřešeny a místo kanónu se proto montoval jen třetí kulomet ráže 7,92 mm. Totéž se opakovalo i při zahájení výroby druhé objednávky počátkem roku 1939. Avia Bk–534 tedy nakonec představovala nikoli silnější, ale slaběji vyzbrojenou verzi původního typu. Místo pro uložení kanónu a jeho zásobníku by-

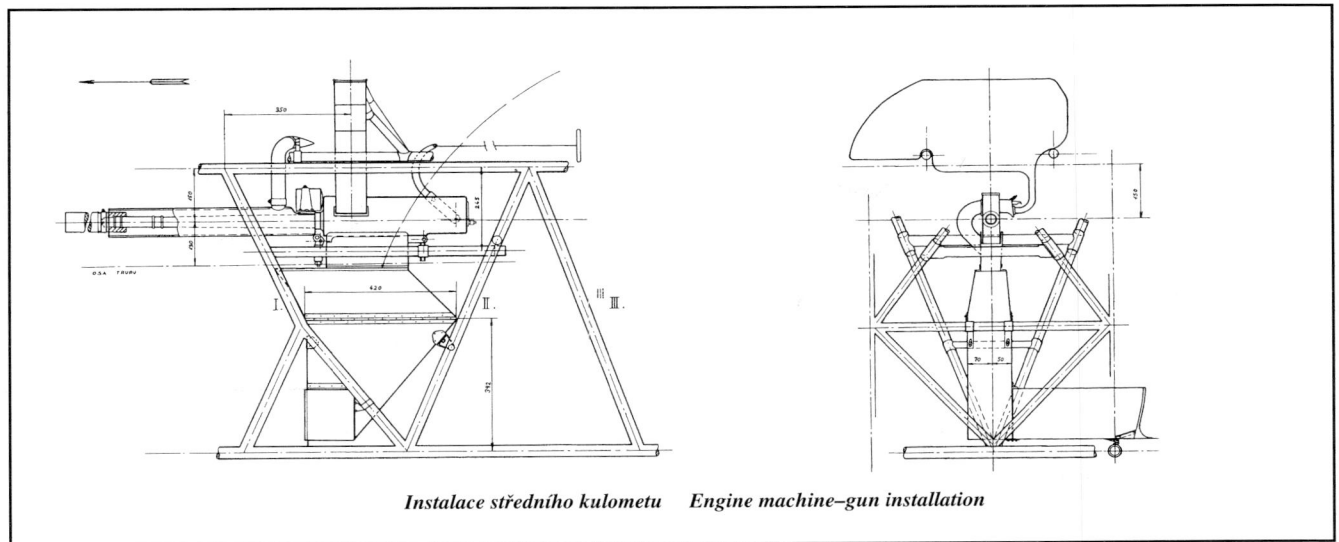

Instalace středního kulometu   *Engine machine-gun installation*

lo přitom možné získat jedině v prostoru pro palivové nádrže, jejichž kapacita se i přes umístění další nádrže v baldachýnu horního křídla snížila. Poklesl tudíž i dolet a vzhledem ke zvýšené hmotnosti také další výkony.

Co do vnějšího vzhledu se stroje Bk–534 od základní podoby typu, B–534 tzv. čtvrté verze, lišily zejména krytou kabinou s větším prosklením hřbetu trupu za hlavou pilota místo původních dvou polokruhovitých výřezů. Patrně nejvýraznější změnou byl oblý kryt motoru místo charakteristických hran strojů B–534, menší "boule" závěru pouze jednoho kulometu na bocích trupu a dva lapače vzduchu pro kompresor u kořenů spodního křídla. Kromě toho se objevil otvor na špičce vrtulového kužele, kde ústila hlaveň kanónu či kulometu uloženého mezi válci motoru. Bohužel, Avií Bk–534 se vyrobilo více pro německé letectvo, než pro československé. Kromě prvních tří kusů již přejímali letouny z druhé objednávky němečtí okupanti.

The Avia Bk–534 As early as during the purchasing negotiations concerning the of the Hispano Suiza HS–12 engine the possibility of introducing cannon–armed aircraft to the fighter arm was mooted. That is why licence rights were bought also for the HS–12Ycrs and once this engine was installed to the second prototype of the B–534 in 1936, intensive tests of this "fivehundred", armed with a pair of vz. 30 machine guns of 7,92mm calibre and with a 20mm calibre Hispano 402 cannon could begin. This cannon was also called a "big" or "big-bore" machine gun. The tests were concluded successfully, the dedicated cannon–armed Bk–534 was developed as a result of this experience, and the series–production commenced. But, alas, the machines thus developed were never in fact to carry the HS–402 cannon.

The MNO insisted that the Swiss Oerlikon FFS–20 be used instead of the proven combination of the French cannon and engine, which had been tested successfully both by the original manufacturer and Avia. The Zbrojovka Vsetín armament factory had begun production at that time of the FFS–20 under the designation VKPL vz. 30 (velkorážový kulomet proti letadlům vzor 1936 – large–calibre antiaircraft machine gun model 1936) and further 227 guns of this type were bought directly in Switzerland. The Hispano 402 cannon was in fact a licence–built version of the same gun, thus the MNO's requirement seemed, at a first glance, a wholly reasonable proposition. But the mounting of the original Swiss model differed from that on the French copy and it was necessary to relocate and modify the mounting lugs on the engine casing, the mounting of the blast tube with damper, the controls and other elements. These modifications were tested on the Bk–534.501, the first Bk–534, which was flown for the first time on 29th April 1938.

Meanwhile, in 1937, fifty of the Bk–534 were ordered, with a supplemental order for further four machines issued shortly afterwards, so the aeroplanes supplied under this contract got the constructor's numbers Bk–534.501 to B–534.554. Further sixty-six (c/n's .555 to .620) were ordered shortly before the Munich crisis. But the teething troubles with the reconstruction were not solved by the time the production of the first batch of the cannon armed Bk–534's was begun in late summer 1938 and so a third 7,92mm machine gun was installed instead. The same was repeated when production of the second batch of Bk–534's was started early in

1939. As a result, the Bk–534 was the weaker–armed instead of being the more powerfully armed variety of the original fighter. What is more, the room for placing the cannon and its magazine could be found only in the space for the fuel tanks, this being at the cost of the fuel capacity, which was not compensated by installation of an auxiliary tank in the upper wing cabane section. Thus the range and (because of the weight increase) the other performance parameters were reduced, too.

The Bk–534 differed externally from the basic B–534 of the 4th version especially by the wrap–around glazing in the fuselage spine behind the cockpit (as compared to the "quarterlights" of the stock B–534. Probably the most conspicuous change were the graceful rounded lines of the engine cowling, replacing the original, more angular ones of the stock B–534, by having one machine gun on each fuselage side with the gun's breech block streamlined by a smaller teardrop blister and by the two compressor air intakes at the fuselage side/bottom wing–root junction. Besides that a blast tube orifice replaced the tip of the airscrew spinner where the barrel of a machine gun or cannon protruded. The weapon itself was mounted between the cylinder banks of the V–12 engine. Unfortunately, more Avias Bk–534 were made for the Nazi Luftwaffe then for the Czechoslovak Air Force. With exception of the first three machines, the Bk–534's from the second batch procured were taken over by the German occupants.

Původní provedení Avie B-634 s otevřeným pilotním prostorem a kryty kol podvozku s nízkotlakými pneumatikami.
The original layout of the Avia B-634 with the open cockpit and with the low-pressure spatted undercarriage wheels (J. Janečka's collection)

Avia B–634

Kombinací kanónu se dvěma kulomety, rozšířenou zejména pak v prvních fázích II.světové války, měl být vyzbrojen i další typ československé stíhačky, vycházející bezprostředně ze standardní B–534.

Jeho vývoj sahá svými kořeny už do roku 1934, kdy Avia vystavovala na pařížském aerosalonu maketu B–534 se samonosnými nohami podvozku a dalšími aerodynamickými vylepšeními. Prototyp B–634, na němž byly tyto prvky uplatněny, vzlétl poprvé 9. července 1936 a měl již kanón Hispano 402 v duté hřídeli reduktoru vrtule. Dva kulomety vz.30 nesl nad motorem místo na bocích trupu.

U prototypu také zůstalo, neboť jeho výkony nebyly o tolik lepší oproti sériovým B–534, aby se vyplatilo zasahovat do chodu výrobních linek a především vynakládat prostředky na přípravu výroby letounu přes všechny koncepční shody značně odlišného. Ke zvýšení výkonů, které by zavedení výroby opravňovalo, nepomohla ani pozdější přestavba podle vzoru B–534, kdy prototyp dostal krytou kabinu místo dosud otevřeného pilotního prostoru a standardní podvozková kola i ostruhu místo původních nízkotlakých. Avia se tehdy ostatně již orientovala na konstrukci samonosného stíhacího jednoplošníku B–35.

Avia B–634 se tedy nikdy nedostala do sériové výroby a její prototyp se uplatnil hlavně při zkouškách kanónové výzbroje spolu s druhým prototypem B–534 po jeho úpravě.

Konečná podoba B-634 s krytou kabinou. Na snímku je dobře patrné umístění synchronizovaných kulometů nad motorem a jednovzpěrový samonosný podvozek bez krytů kol, která byla převzata z B-534. (Sbírka J. Janečky)
The final layout of the B-634 with enclosed cockpit. The location of the synchronized guns above the engine and the cantilevered single-leg undercarriage with B-534 wheels without spats

The Avia B–634 The combination of a cannon with two machine guns, which was widespread especially in the opening stages of the WWII, should also have armed the next type of Czechoslovak fighter, stemming immediately from the standard B–534.

Its development harks back to 1934, when, at the Paris Salon d'Aeronautique the Avia company displayed a mockup of the standard B–534 with cantilevered undercarriage legs and other aerodynamic improvements. The B–634 prototype that embodied all these features, flew for the first time on 9th June, 1936, already armed with a Hispano 402 cannon firing through the hollow airscrew reduction gearing shaft. Two synchronized vz. 30 machine guns were carried above the engine instead of fuselage sides.

But the B–634 was to remain in the prototype stage, as the performance improvements over the series B–534 were not great enough to justify disturbing the production lines and, above all, to spend money on preparing production of a type that, despite its conceptual and external similarities, was considerably different from the original design. Even the modification to bring the B–634 airframe close to standard B–534 of the 4th version by grafting onto it the turtle deck and enclosed canopy and the narrow high –pressure tyres and tailskid (instead of the originally used balloon wheels) did not help to improve the performance to a level to possibly justify producing the B–634. Anyway, by that time Avia was concentrating on the design and production of a cantilever low–wing fighter monoplane, the Avia B–35.

The Avia B–634 was never to make it into series production, its prototype being mainly used for cannon armament tests, together with the modified second prototype of the B–534.

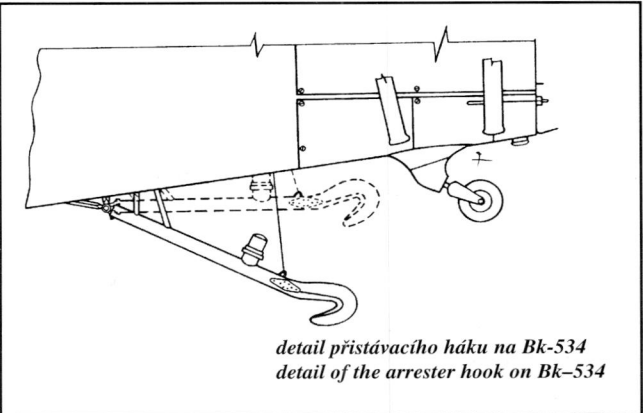

detail přistávacího háku na Bk-534
detail of the arrester hook on Bk–534

Avia Bk-534 během zkoušek pro funkci palubního stíhače. Záběr ukazuje zachycení letounu přistávacím hákem. (sbírka J. Janečky)
The Avia Bk-534 during the carrier-capability tests. The shot depicts the actual snatching of the arrester hook in the wires. (J. Janečka's collection)

Další vývoj B–534 a Bk–534

Úpravy B–534 i Bk–534 a vývoj s nimi související neustal ani po tehdejším rozbití Československa a okupaci českých zemí. V úpravách ukořistěných letounů pokračovala především německá Luftwaffe. V prvé řadě nechala přestavět plynovou páku tak, aby bylo možné přidávat a ubírat plyn dle německého zvyku obráceně, později též někdy přemístit lékárničku apod. Některé letouny, včetně slovenských, dostaly německé radiovybavení, rozpoznatelné podle stožárku na horním křídle. Podstatnější úpravou byla instalace bubnů s lanem pro vlekání rukávových terčů na cvičné střelby. Tyto bubny dostaly i vlečné letouny nákladních kluzáků DFS 230A, opatřené navíc ještě přídavnými nádržemi pod dolními křídly. Pro nás suchozemce byl asi nejzajímavější pokus upravit tři Bk–534 na palubní stíhačky nikdy nedostavěné letadlové lodi Graf Zeppelin. Letouny dostaly závěsy pro katapultový start, sklopný záchytný hák pro přistávání a s tímto vybavením se v letech 1940 – 1941 zkoušely. Konstrukce trupu však nebyla pro tyto účely dost pevná, docházelo k vytržení záchytného háku a z kariéry Bk–534 jako palubních letounů sešlo ještě před rezignací na dostavbu německé letadlové lodi.
Zajímavé bylo i použití krytů kabiny z Messerschmittu Bf 109E přinejmenším na jedné B–534 letectva tzv. Slovenského štátu. Toto letectvo zřejmě laborovalo i s náhradou motorů HS 12Ycrs na Bk–534 obvyklými HS 12Ydrs, jak dokládají záznamy z let 1940 – 41. Snad šlo o pokus napravit handicap slabší výzbroje i výkonů Bk–534. Naproti tomu tzv. bastard, drak B–534 s motorem HS 12Ycrs byl zcela nepochybně typickou nouzovou improvizací. Vznikl totiž na letišti Tri Duby za Slovenského národního povstání, kdy bylo třeba získat další letuschopné stroje, jak jen bylo možné.

Further development of the B–534 and the Bk–534

The modifications of the B–534 and Bk–534 and their corresponding development did not end with the first dismemberment of Czechoslovakia and the occupation of the Czech lands. The modifications to the war–booty aircraft were carried out especially by the German Luftwaffe. First of all they had modified the throttle lever linkage to the German sense, so that the full throttle movement was forward, idle/stop was backward, i.e. the opposite to the French habit. Later on some machines the first aid kits were relocated, etc. A number of Avias, including those taken over by Slovakia, were fitted with German radios, discernable by the antenna mast on the upper wing. The more substantial change was the installation of the winch and steel cable drum for towing practice gunnery target sleeves. These winches were used also by the glider tug Avias, fitted with long–range external fuel tanks under the bottom wings; these B–534's were used for towing the DFS 230A's troop/cargo–carrying gliders.
For land–locked Czechoslovaks one modification of the Avia Bk–534 held a peculiar salt–water smell – three machines of this type were modified for service on the Nazi aircraft carrier, Graf Zeppelin, a vessel which ultimately was never completed. The aircraft were given spools for catapult launching, a folding hook for arrested landings and thus equipped they were tested in 1940 to 1941 period. The airframe structure was not designed to withstand the concentrated loads of arrested landings, the A–frame hook got pulled out from the fuselage on several occasions and the carrier–borne career of the Bk-534 fighter ended even before the German aircraft carrier project was abandoned.
Also an interesting development was the use of a Messerschmitt Bf 109E's cockpit canopy on at least one B–534 and one Bk–534 of the Slovak Air Force was interesting, too. As proved by documentation from the 1940–1941 period, Slovak Air Arm apparently also tinkered with a replacement of the HS–12Ycrs on the Bk–534's with the usual HS–12Ydrs. The reason for this is not certain, may be it was an attempt to improve on the armament and performance handicap of the Bk–534. On the other hand, a totally unrelated "bastard" a make–do mix of the B–534 airframe with a Bk–534 powerplant (an HS–12Ycrs) emerged as a typical emergency improvisation. It was put together at the Tri Duby (Three Oaks) airfield (near Zvolen, Central Slovakia), during the anti–Nazi Slovak national uprising, during the August–to–September 1944 period, when any combat–worthy aircraft was at premium.

B-534 čtvrté "verze" ve službách SVZ s krytem kabiny z Messerschmittu Bf 109 a dřevěnou vrtulí. (J. Janečka)
The B-534 of the 4th version in the Slovak Air Arm (SVZ) service with canopy hood taken from a Messerschmitt Bf 109 and the wooden airscrew. (J. Janečka's collection)

Československé vojenské letectvo v předválečném období

Zavádění B–534 do služby proběhlo ve znamení změny vojenské doktríny v důsledku upevnění nacistické moci v Německu. Předtím bylo za hlavního potencionálního soupeře pokládáno Maďarsko a nové letouny byly proto přednostně přidělovány leteckému pluku 3, dislokovanému na Slovensku a Podkarpatské Rusi. Nyní bylo nutno preferovat útvary v českých zemích.
Jednalo se především o lp 4 (letecký pluk 4), budovaný jako vyšší stíhací jednotka. Mezi 8. říjnem 1935 a 14. lednem 1936 dostal plných 52 kusů B–534, k nimž přibyl ještě jeden další 4. března. Díky tomu mohl rychleji přezbrojit celé letky a neprodleně zahájit na nových stíhačkách bojový výcvik. S ohledem na nutnost šetřit nejmodernější výzbroj se však stále užívalo vždy jen šest strojů v každé letce. Dalších pět mělo být po dosažení stavu jedenácti B–534 na letku užíváno pouze při skupinových letech a 5–6 záložních letounů uskladněno na letišti Brno.
V říjnu 1935 dostal první dvě B–534 i lp 1, který je po doplnění dalšími deseti v prosinci rozdělil po šesti kusech mezi letky 43 a 44, aby umožnil přeškolení pilotů na novou techniku přímo u jednotek. K bojovému výcviku sloužilo v tomto období i šest B–534 přidělených Vojenskému leteckému učilišti a celkem devět, které během prvního čtvrtletí 1936 přišly k lp 3. Naproti tomu jednotlivé exempláře u lp 2 a lp 6 byly určeny jen jako vzory nové techniky.
Připočteme–li k těmto přídělům zkušební letouny ve VTLÚ, zjistíme, že od začátku října 1935 do konce března 1936, tedy za půl roku, dostalo československé vojenské letectvo plnou stovku tehdy nejmodernějších stíhaček. Poté se sice tempo přezbrojování snížilo a za dalších devět měsíců bylo dodáno jen zbývajících pětačtyřicet strojů z první objednávky, přesto však na konci roku 1936 představovala B–534 hlavní výzbroj československých stíhacích letek. Vyjímkou byly jen 33. a 35. letka lp 2, nadále vyzbrojené Š–231 a jedna letka lp 3 (podle písemných záznamů 38., podle fotografií však 37.), létající na B–34.
V průběhu roku 1937 bylo přezbrojení stíhacích letek na B–534 dokončeno, když byly Š–231 prodány do Španělska a B–34, Ba–33 i D–1 sloužily už jen jako cvičné. V červnu zapůjčila armáda šest B–534 Četnickým leteckým hlídkám, jejichž úkolem bylo hlídkovat v pohraničí, včetně pásma, do něhož měli vojenští letci zakázáno létat. Sloužily u nich celý rok, než mohlo ministerstvo vnitra po částečném vyřešení kompetenčních sporů s ministerstvem veřejných prací zakoupit pro ČLH dvacet vlastních B–534.

The Czechoslovak Air Force in the pre–WWII period

The B–534 was introduced into service under the sign of a change in the military doctrine, caused by the strengthening of Nazis' power in Germany. Before this Hungary was considered the main potential opponen in any future conflict and the Letecký pluk 3 (the 3rd air Regiment), based in Slovakia and in Trans Carpathian Ruthenia, was having priority in allocation of new machines. Now it was to be the units in the Czech lands who received preferential treatment in terms of reequipment.
This concerned especially the lp 4 (Letecký pluk 4 – the 4th Air Regiment), built up as a higher–echelon fighter unit. Between the 8th October 1935 and 14th January 1936 it received full complement of 52 B–534 fighters, adding another one on 4th March of the same year. Thanks to that tempo it was able to reequip completely all of its letky (Squadrons) and to start combat training immediately. In order to spare the most modern equipment the daily wear, only six machines in each letka were used. The further five were to be used once the full complement of eleven–B–534's–per–letka complement was achieved, for formation flying only, the 5 to 6 spare machines were to be stored at Brno airfield.
In October 1935 the first two B–534's were delivered also to the lp 1 (Letecký pluk 1 – the 1st Air Regiment) which, after receiving a further ten machines in December of the same year, distributed them, six Avias each, to letka 43 and 44, to enable the pilots to master the new equipment directly at their units. In this period the purpose of combat (operational) training was also served by six B–534's allocated to the Vojenské letecké učiliště (Military air school) and a total of nine machines, delivered to the lp 3 (3rd Air Regiment) during the first quarter of 1936. As opposed to this a single Avia delivered to the lp 2 and lp 6 were intended as the familiarization example of the new equipment.
If the test machines alotted to the VTLÚ, are added to these aircraft, it will be seen that from beginning of October 1935 to the end of March 1936, i.e. in half a year, the Czechoslovak Air Force received a full one hundred of the most modern fighter aircraft. Despite the fact that the rearming pace decreased afterwards, with deliveries during the next nine months amounting only to the remaining forty–five machines of the first procurement batch, at the end of 1936 the B–534 represented the main strength of the stíhací letky (Fighter Squadrons) of the Czechoslovak fighter arm. The exception was the 33rd and 35th letky of the Letecký pluk 2

Stíhací letouny Avia B-534 ze stavu lp 4 během údržby na letecké střelnici v Malackách. 1936.(Sbírka autora)
The Avia B-534 fighters of the lp 4 during the maintenance at the Malacky gunnery range, 1936. (Autor's collection)

Od konce května 1937 probíhal u lp 4 výcvik stíhačů, kteří měli reprezentovat Československo ve vojenských soutěžích na IV. mezinárodním leteckém meetingu v Curychu. Byli to kapitán Stanislav Engler, poručík Jaroslav Hlaďo a rotmistr Jaroslav Šnobl, k nimž byl od lp 2 dočasně převelen četař František Peřina. O uvážlivosti výběru svědčí skutečnost, že Fr. Peřina se za II. světové války stal čtrnácti sestřely čtvrtým nejúspěšnějším stíhačem Bitvy o Francii a J. Hlaďo se po dobrodružném úletu z okupovaných Kunovic do SSSR vrátil nakonec z Velké Británie jako velitel československého stíhacího wingu.

Zpočátku cvičili na B–534 s otevřenými pilotními prostory, ke konečnému výcviku do Prahy však už přilétli na strojích s krytými kabinami. Zde je čekaly zbrusu nové B–534.201, 202, 203 a 204, upravené pro soutěže demontáží zbytečných částí – včetně výzbroje – a naopak instalací dodatečných přístrojů. Po vyzkoušení těchto letounů ve stoupání i střemhlavém letu a nácviku dálkových přeletů jednotlivě i ve skupinách odleteli spolu s akrobatickou osmičkou Avií Ba–122 a doprovodným Fokkerem F–IX na Curyšské letiště Dübendorf, kde se mezi 23. červencem a 1. srpnem 1937 odehrálo tvrdé měření sil mezi našimi a německými letouny.

(2nd Air Regiment), still equipped with the Š–231's, and one letka of the lp 3 (according to the documents the 38th letka, but according to the photographic evidence the 37th letka), flying the B–34's. During the 1937 the reequipment of the fighter letky with the B–534's was completed, as the Š–231's were sold to Spain and the B–34, Ba–33 and the Dewoitine D–1 types were relegated to the training role only. In May 1937 the MNO lent six B–534's to the Četnické letecké hlídky (ČLH – Gendarmerie Air Patrols), whose task was to patrol the border region including a zone prohibited to military airmen. These Avias served there for a whole year before the Ministerstvo vnitra (Ministry of Interior) partially settled its competency dispute with Ministerstvo veřejných prací (Ministry of Public Works) and bought for the ČLH twenty of their own B–534 aircraft.

Beginning in late May, 1937, the training of the fighter pilots who were to represent Czechoslovakia at the military contests of the 4th international aviation meeting at Zurich, took place with the lp 4 (the 4th Air Regiment). The pilots were kapitán (Cpt.) Stanislav Engler, poručík (Lt.) Jaroslav Hlaďo and rotmistr (Sgt.) Jaroslav Šnobl and also četař (Sgt) František Peřina from the lp 2, who was

Skupina avií na curyšském letišti Dübendorf
A group of Avias at the Zurich Dübendorf airfield
(J. Janečka's collection)

Dole: Po návratu z Curychu byly letouny vystaveny na Staroměstském náměstí. (Sbírka J. Janečky)
Bellow: After return from Zürich the aircraft were displayed at the Old Town Square (Staroměstské náměstí) in Prague (J. Janečka's collection)

V závodě ve stoupavosti a letu střemhlav zvítězil Němec K. Francke na prototypu stíhacího Messerschmittu Bf 109 V13 před svým krajanem O. Schurfeldem na prototypu bitevního Henschelu Hs 123 V5. Českoslovenští reprezentanti Fr. Peřina, J. Hlaďo a J. Šnobl obsadili třetí, čtvrté a páté místo. Druhé, třetí a čtvrté místo obsadili v alpském okruhu jednotlivců, za prvním mjr. Seidemannem na Bf 109 V8 a před pátým Robillonem z Francie na Dewoitine D–501. Také v závodě tříčlenných rojů na téže trati se opakovalo pořadí Německo – Československo – Francie. Naši přitom létali bez záložního stroje, neboť s jednou B–534 havaroval kpt. Engler u italského Bormia.

Z hlediska čistě sportovního se jednalo o mimořádný úspěch, zvláště když naše stíhače ještě předstihli akrobati, triumfující nad nejsilnějšími soupeři. Výkony letců byly také po návratu po zásluze oceněny a jedna B–534 s jednou Ba–122 byly vystaveny na Sta-

temporarily seconded there. The quality of the choice could be judged by the fact that during the WW II, "Frank" Peřina became the fourth most successful fighter pilot of the Battle of France with fourteen kills, to carry on in the Battle of Britain and J. Hlaďo, after a daring air escape from the occupied Kunovice (South Moravia) to the USSR territory, returned from the Great Britain as the commander of the Czechoslovak Fighter Wing.

Their training commenced on open–cockpit B–534's, but for the final polishing of their routines in Prague they flew the machines of the fourth version. The brand new B–534.201, .202, .203 and .204 awaited them there, modified for the contests by removal of unnecessary equipment including the armament and by installation of additional instruments. After testing of these machines for their climb and dive characteristics and after training the pilots in the long–range ferry flight techniques, both individual and in formation, they took off, together with the eight aerobatic Avia Ba–122's and with the Avia/Fokker F–IX trimotor escort/support aircraft, for the Zurich –Dübendorf airfield. There, during a week between 23rd July and 1st August, 1937, a very hard–fought power play between Czechoslovak and German men and machines took place. The climb and dive contest was won by a German, K. Francke, on the Messerschmitt Bf 109V–13 (a preprototype for the E–series Bf 109), his countryman O. Schurfeld came second on the V–5 prototype of the ground–attack Henschel Hs 123 biplane. Members of the Czechoslovak team, Fr. Peřina, J. Hlaďo and J. Šnobl came third, fourth and fifth, respectively. The second, third and fourth place in the Alpenflug (Alps Course) of individual pilots were taken by the members of Czechoslovak team , with Maj. Seidemann on the Bf 109V–8 winning and a Frenchman, Robillon, in the Dewoitine D–501, coming fifth. Also in the race of the

roměstském náměstí v Praze, kde u Husova pomníku dokládaly vyspělost techniky, která jim umožnila zvítězit nad reprezentanty takových leteckých velmocí, jakými tehdy byly Francie a Itálie.
Ve vojenských kruzích však nevládlo zdaleka takové nadšení, jako na veřejnosti. Výkonová nadřazenost B–534 nad stíhačkami D–501 a D–510 spojenecké Francie byla spíše důvodem k zármutku ve světle faktu, že Avie zaostávaly za německými Bf 109 zhruba v téže míře, o kterou převyšovaly francouzské letouny. Bylo málo platné, že tovární pilot Avie R. Dalecký mohl na B–534 předvést všechny prvky stíhacích soubojů v protikladu k pouze základní akrobacii prototypu Messerschmittu, nad nímž standardní československá stíhačka dominovala i ve stoupavosti. Německé "stodevítky" byly jednoznačně rychlejší a díky stavitelným vrtulím lepší i ve střemhlavém letu, což jim umožňovalo diktovat podmínky případných soubojů. Nejhorší přitom bylo, že do Curychu sice Němci poslali prototypy, sériová výroba Bf 109B–1 však

Zahřívání motorů v době mobilizace (Sbírka autora)
Warming-up of the engines during mobilization. (Autor's collection)

v Augsburgu probíhala již od února 1937 a v červenci do ní nabíhal nový model B–2. Avia B–534 prokázala, že patří k nejlepším konstrukcím své generace, ale Německo získalo zařazením samonosného dolnoplošníku se zatahovacím podvozkem a krytou kabinou do výzbroje náskok před všemi evropskými státy s vyjímkou SSSR, který však prioritu svých I–16 v tomto směru nedokázal využít. Jinde létaly nanejvýš prototypy a československý stíhací dolnoplošník Avia B–35 byl teprve ve stádiu projektu.
Za této situace nezbývalo, než pokračovat zvýšeným tempem ve výrobě B–534, vyzbrojovat jimi nové stíhací letky a doufat alespoň v posílení výzbroje typu instalací kanónu. Bylo to východisko z nouze, nasazení B–534 na východní frontě v roce 1941 však prokázalo, že v tomto období jim jejich výkony a vlastnosti dávaly dosud jisté šance i proti modernějším stíhačkám. Během roku 1937 dostala armáda 130 nových B–534, mezi 1. lednem a 16. zářím 1938 to bylo již 133 kusů B–534 a 18 kusů Bk–534. Počet stíhacích letek se z jednadvaceti k 1. lednu 1938 (z nichž však bylo jen dvanáct schopných okamžitého bojového nasazení) zvýšil do mnichovské krize na třiadvacet zcela bojeschopných. Měly tehdy k dispozici zhruba 330 B–534 a 20 Bk–534, něco kolem třiceti dalších bylo v opravě. Průmysl přitom pracoval na plné obrátky i přes nedostatek materiálu a pracovních sil, způsobený praktickou blokádou Československa sousedními státy v čele s Německem, mobilizací části zaměstnanců a evakuací továren. Díky jeho úsilí vykázal soupis leteckého materiálu k 10. listopadu 1938 již 370 B–534 a 54 Bk–534. Ani tento nárůst však neodpovídal předchozím požadavkům vojáků a nenaplnil jeden a půl měsíce po kapitulaci počty záloh, pokládaných za nutné pro zahájení válečného konfliktu. Dostatečné nebylo ani vybavení letounů některými přístroji a záloha různé výstroje a výzbroje, včetně kulometů. Značnou nevýhodou byla i neexistence efektivní hlásné služby, jež se projevila v říjnu a listopadu 1938 na Slovensku a Podkarpatské Ru-

three–aircraft "patrouilles" the sequence of winners was Germany – Czechoslovakia – France. Our pilots have had to fly without a spare machine as kapitán (Cpt.) Engler crashed with one B–534 at Bormio, Italy. From the purely sporting aspect the Zurich meeting was an extraordinary success for Czechoslovak colours, especially when considering that the aerobatic pilots, who triumphed over the most potent opponents, fared even better than fighter pilots. The performance of Czechoslovak airmen was appropriately honoured after they returned home, and one B–534 and a Ba–122 were displayed at the Prague's Old Town Square close to the monument of Jan Hus, where they demonstrated the advancement of the technology that enabled our pilots to vanquish representatives of such aeronautic superpowers of the time as France and Italy.
In the military circles, however, the enthusiasm was not that great as in the public. The performance superiority of the B–534 over the Dewoitine D–501 and D–510 fighters from the nation's ally France was in fact a reason for some discontent, as the measure of supremacy Avias enjoyed over the Dewoitines was roughly similar to the measure of inferiority to the German Bf 109's. It did not help much that R. Dalecký, the Avia company pilot, was able to fly all the manoeuvres and turns of a fighter combat – the classic dogfighting, while the Messerschmitt Bf 109 prototype has shown only the basic aerobatics and was also inferior to Avias in its rate of climb. The German "one oh nine" was definitely faster and, thanks to the variable–pitch airscrew, better in dive that would enable it to dictate the conditions of any would–be dogfight.
By far the worst aspect was that the Germans sent only prototypes to Zurich, but the series production of the Bf 109B–1 had commenced in Augsburg during February 1937, and the new B–2 version was starting to come off the production line in July. The Avia B–534 had proved that it belonged to the best designs of its generation, but Germany, putting a cantilever monoplane with retractable undercarriage and enclosed canopy into the regular service, got a head start over all of the European countries save for the Soviet Union, which, alas, was not able to take advantage of the lead it acquired with its I–16 fighters. In the other countries a few fighter monoplanes were flying in prototype form, at the very most, and the Czechoslovakia's most modern fighter monoplane, the Avia B–35, was in the project phase only. In this situation the only practical solution was to carry on with production of the B–534 at increased tempo, to equip the new stíhací letky (Fighter Squadrons) with this type and to hope for the cannon armament to increase the firepower of the type. It was the best possible solution, and the operations of the B–534's on the Eastern front in 1941 proved that in this period the performance and characteristics gave the B–534 a fair chance against more modern fighter types. During 1937 the Air Force received 130 new B–534's, with as many as 133 B–534's and 18 Bk–534's being received between the 1st January and the 16th September 1938. The number of stíhací letky (Fighter Squadrons) increased from twenty–one as of 1st January 1938 (of which only twelve were combat –ready), to twenty–three, all combat–ready, by the time of Munich crisis. The units had at their disposal about 330 of B–534's and 20 of Bk–534's, with another thirty machines under repair.
All the while the industry was working in top gear, despite the shortage of material and workforce, caused by the virtual blockade of Czechoslovakia by the neighbouring states, headed by Germany, by the mobilization (drafting) of part of the manpower and by the evacuation of factories to m more secure locations. Thanks to the industry's efforts the order of the air matériel as of 10th November 1938 listed as many as 370 B–534's and 54 Bk–534's. But even this increase was not up to the previous demands of the military, and, as late as one–and–a–half months after the effective capitulation of the country, it did not fill the required number of reserves deemed necessary to wage a war. Also the equipping of aircraft with some instruments and the reserve stocks of sundry equipment and armament, including machine guns, was not fully sufficient.
A major disadvantage – the absence of an effective observer, early warning and surveillance service, was painfully obvious in

si. Mezi mnichovským diktátem a Vídeňskou arbitráží – která zmrzačila Slovensko podobným způsobem jako české země okupace pohraničí – zde probíhala konfrontace s Maďarskem. Československé letectvo při ní disponovalo jedenácti stíhacími letkami v Piešťanech, Nitře, polním letišti Vígláš u Zvolena, Košicích (později Ňaršanech) a v Užhorodě. Tato síla však zřídka kdy dokázala včas zjistit maďarské a německé letouny pronikající nad naše území a tím méně proti nim účinně zasáhnout. Stíhači měli ostatně zakázáno užívat zbraně jinak než v sebeobraně a věci došly tak daleko, že když maďarský Fiat Cr 32 sestřelil československý pozorovací Š–328 daleko na sever od Dunaje, tvořícího nepřehlédnutelnou hranici, předseda vlády osobně zrušil rozkaz k palbě na maďarské letouny, vydaný Hlavním štábem. Maďarské jednotky zákazem palby netrpěly a ostřelovaly naše letouny přes hranici při jejich hlídkových letech. Přinejmenším dvě B–534 se vrátily s prů-

October and November 1938 in Slovakia and in the Trans–Carpathian Ruthenia – the Easternmost part of Czechoslovakia. Between the dictate of Munich and the Arbitration of Vienna (the latter had maimed and truncated Slovakia the same way the occupation of the Czech borderlands – the Sudetenland had maimed Czechoslovakia), there was a confrontation with Hungary. Czechoslovak Air Force had eleven stíhací letky (Fighter Squadrons) at its disposal, in Piešťany, Nitra, Vígláš airstrip near Zvolen, in Košice (later at Ňaršany), and in Užgorod. This force was only seldom able to detect the German and Hungarian aircraft, penetrating Czechoslovak airspace, and even less to attack them effectively.

The fighters were forbidden to use guns save in self –defence, anyway, the matters getting so far that when a Hungarian FIAT CR–32 shot down a Czechoslovak observation Letov Š–328 far North off

Stroje 31. letky (písmeno P, červená špička vrtulového kuželu) na podzim roku 1938 v Užhorodě. (sbírka J. Janečky)
Machines of the 31. letka (31st Sq.) (coded P, with red airscrew spinner tip) during Autumn 1938 in Uzhgorod (Ruthenia). (J. Janečka's collection)

Havárie desátníka O. Janoty v Itálii. (sbírka J. Janečky)   *Cpl. O. Janota's crash-landing in Italy. (J. Janečka's collection)*

střely z pěchotních zbraní. Nadřízené orgány však reagovaly jen příkazem létat výše. K bojům ve vzduchu za této situace nedošlo. Jediným náběhem bylo marné pronásledování dvojice maďarských Fiatů Cr-32bis po jejich útoku palubními zbraněmi na osadu Minaj kterou si piloti dne 22. října patrně spletli s užhorodským letištěm. Demoralizace, za takových podmínek nevyhnutelná, se šířila i do posádek v českých zemích. 14. listopadu desertoval des. Ondřej Janota na B–534.287, kterou poškodil při nouzovém přistání u italské obce Tolmezzo. Počátkem roku 1939 probíhala jednání o možnosti odeslat letoun do Prahy, není však známo, že by k tomu před tehdejším rozbitím Československa došlo. K jeho datu bylo v pomnichovské republice celkem 524 letounů řady Avia B–34 až 634. Jedna B–34 a 57 "pětistovek" bylo v průběhu služby ztraceno při nehodách, Janotův stroj zůstal asi v Itálii, 62 Bk-534 už přejímali po dokončení Němci.

Danube, the natural border that cannot be overlooked, the Prime Minister personally overruled the shoot–in–self–defence–only order, issued by the General Staff, and forbade to fire at Hungarian aircraft at all! The Hungarians did not suffer any limitations of that kind, shooting happily at the patrolling Czechoslovak aircraft across the border. Also when at least two of the B–534's returned home with rifle–calibre ground–fire damage, the higher command reacted with an order to fly higher – a phoney war, indeed!!! No air combat ensued during this period, the only suggestion of a fighter–like activity was the pursuit of a pair of Hungarian FIAT Cr–32bis' after they strafed the Minaj hamlet, which the pilots probably mistook for the airfield at Uzhgorod.

The demoralisation, inevitable under such conditions, spread into the garrisons in the Czech lands. On 14th November desátník (Cpl) Ondřej Janata deserted with his B-534.287, damaging it during a forced landing near Tolmezzo, Italy. In early 1939 the negotiations took place to bring the machine back to Prague, but it is not known whether this happened in time before Czechoslovakia was broken–up for the first time.

On the eve of 15th March, 1939, when the remains of the post–Munich Czechoslovak republic, with its border regions torn away and Slovakia to get separated tomorrow, were occupied by the Nazi Germany, the total production of Avias of the B–34 to B–634 development line reached 524 machines. One B–34 and 57 "fivehundreds" of the total produced were lost to accidents, Janata's machine probably remained in Italy and 62 of the Bk–534 were taken over by the Germans upon completion.

Luftwaffe

Německé letectvo si přisvojilo všechny vojenské letouny ve zbytku českých zemí a na obsazených slovenských letištích Nový Dvor u Malacek a v Žilině. Soustřeďovalo je na základnách Merseburg, Erding u Mnichova a několika dalších, odkud je rozdělovalo svým jednotkám a nabízelo satelitním státům.

Zabavených i nově dodávaných B–534 a Bk–534 bylo tolik, že Luftwaffe uspořádala pro své piloty přeškolovací kurz, tzv. Avia Lehrgang v Herzogenaurachu. Československé letouny užívala hlavně jako cvičné letouny u A/B Schulen a Jagdfliegerschulen na německém i okupovaném území. Některé byly přiděleny ke zvláštním úkolům. Kromě již uvedených Bk–534, zkoušených jako palubní stíhačky, to byla zejména skupina B–534, představujících polské PZL P–11c ve filmu Kampfgeschwader Lutzow.

Ze stíhacích jednotek byly aviemi vyzbrojeny 3. Staffel I/JG 70 a 3. Staffel I/JG 71 ve Fridrichshafenu. Ta s nimi nacvičovala noční stíhací lety v období mezi červencem 1939 a počátkem roku 1940, kdy dostala letouny Messerschmitt Bf 109.

Vlečné B–534 byly nejprve přiděleny k DFS 230 Staffel der Lufwaffe/1–10. V okupované Francii sloužily spolu s typem Henschel Hs 123 při výcviku a poté byly přesunuty v rámci Lastenseglerstaffel na východní fronty, kde jako vlečné letouny kluzáků DFS 230A měly pomáhat při zásobování obklíčených pozemních jednotek. Vzhledem k uváděným datům by to mělo znamenat lety do stalingradského kotle, snímky však svědčí spíše pro obklíčení Němců u Děmjanska o rok dříve.

Opravárenskou základnu pro německé B–534 představovaly hlavně závody v Kunovicích, zčásti také v Olomouci. Z Kunovic 28. srpna 1940 uletěl na B–534.124 npor. J. Hlaďo, který přistál na Ukrajině u města Stanislavovo (později Ivano–Frankovsk). Podle jeho svědectví měl letoun kapoty kol a krytou kabinu.

Luftwaffe

The German Air Force had appropriated all military aircraft in the remains of the Czech lands and on the occupied Slovak airfields of Nový Dvor near Malacky and at Žilina. They were concentrated at the airfields of Merseburg, Erding near Munich and several others, whence they were distributed to Luftwaffe units and offered to the satellite states.

There were so many of the requisitioned and newly–built B–534's and Bk–534's that the Luftwaffe organized a conversion course, the so–called Avia Lehrgang, in Herzogenaurach. The Czechoslovak fighters were used mainly as training machines with the A/B Schulen and the Jagdfliegerschulen both on German and occupied soil. Some of the aircraft were used for special purposes – besides the previously mentioned carrier–capable Bk–534's it was especially a group of B–534 playing the Polish PZL–11 fighters in the "Kampfgeschwader Lützow" propaganda film.

Both the 3rd Staffel I/JG 70 and the 3rd Staffel I/JG 71 fighter units based in Friedrichshafen were converted to Avias for night fighting use between July 1939 and the beginning of 1940, when they were reequipped with Messerschmitt Bf 109's.

The towing–gear equipped B–534's were initially allotted to the DFS 230 Staffel der Luftwaffe /1–10. In occupied France they served with the Henschel Hs 123 aircraft for training and then being moved within the framework of the Lastenseglerstaffel to the Eastern Fronts, where they served as the tugs for the DFS 230A troop/cargo gliders, supplying the encircled ground troops. The dates mentioned suggest sorties to the Stalingrad pocket, but the pictures point rather to the encirclement of Germans at Demyansk a year earlier.

The Kunovice plant and, also, partially the Olomouc depots, provided most of the repair capacities needed for the German B–534's. On 28th August 1940, nadporučík (1st Lt.) J. Hlaďo fled from Kunovice on the B–534.124, landing near to Stanislavov, later Ivano–Frankovsk, Ukraine. According to his testimony his Avia was fitted with wheel spats and an enclosed canopy.

Nahoře: K výcviku německých stíhačů sloužily také letouny Avia Bk-534.(sbírka J. Janečky)
Abowe: The German fighter pilots trained also on the Avia Bk-534's. (J. Janečka's collection)

Po okupaci Československa převzala Luftwaffe doo svých služeb i starší B-534. (P.Petrick via J. Zazvonil)
After the occupation of Czechoslovakia the Luftwaffe put to its service also the older B-534s. (P. Petrick via J. Zazvonil)

Avia B-534, se kterou v roce 1940 ulétl npor. J. Hlaďo do SSSR. (sbírka M.Balous)
The Avia B-534 used by the First Lieutenant J. Hlaďo to escape to Soviet Union. (M. Balous' collection)

Sovětské letectvo
Hlaďova B-534 nebyla jediným letounem tohoto typu, který se dostal do Sovětského svazu. Když byl npor. Hlaďo na jaře 1941 jmenován rozkazem pplk. L. Svobody velitelem skupiny československých letců na základně Kubinka u Moskvy, našel zde i kolem osmi důvěrně mu známých "pětistovek". S největší pravděpodobností se jednalo o letouny získané od Němců. Patřily "tajné" eskadrille NKVD, jejímž úkolem bylo připojovat se k nepřátelským letounům při jejich návratech z boje a odhalovat tak jejich letiště. Není však známo, že by sovětské B-534 byly použity k tomuto účelu.

Maďarské letectvo
Při bojích na východním Slovensku koncem března 1939 ukořistily maďarské pozemní jednotky jednu B-534. Po opravě ji nejprve zkoušelo maďarské vojenské letectvo a poté dostala civilní registraci. Koncem roku 1944 nebo počátkem následujícího byla zničena.

Rumunské letectvo
Spolu s dodávkou tří německých nákladních kluzáků DFS 230 přišel do země i neznámý, s největší pravděpodobností však stejný počet vlečných B-534. Údaje o jejich využití nejsou známy.

Bulharské letectvo
V létě 1939 Bulhaři koupili od berlínské Wirtschaftsgruppe Luftfahrtindustrie spolu s jinými československými letouny též 78 kusů B-534 čtvrté verze, jimiž vyzbrojili 2. istrebitelen letecký pluk. Každé z jeho čtyř bojových jato (letek) mělo 15 letounů, cvičné jato dostalo 12 B-534. Jednotky byly dislokovány na letištích Karlovo a Vraždebna. V březnu 1942 dostal letouny B-534 do výzbroje 6.istrebitelen orljak, kde byly přiděleny 612. jato na letišti Vraždebna a 622. jato na letišti Božurište.
1.srpna 1943 startovaly B-534 ke své největší stíhací akci, když jich bylo 48 posláno proti americkým Liberatorům při náletu na rumunské rafinérie nafty v Ploesti. Při prvním útoku vystoupala se-

Soviet Air Force
The 1st. Lieutenant Hlaďo's B-534 was not the only machine of this type that found its way to the Soviet Union. When this officer was appointed by the order of podplukovník (Lt.Col.) L. Svoboda as the commander of the group of Czechoslovak airmen, stationed at the Kubinka air base near Moscow, he found here also about eight of the "fivehundreds" he knew so intimately. In all probability these were the aircraft received from Germans during the period when the two were allies. They belonged to the NKVD's (KGB's forerunner) secret "eskadrila" whose task was to fly together with the foreign aircraft and to shadow them to discover their airfields. However, the actual use of the B-534 for this purpose is not known.

Hungarian Air Force
During the fighting in Eastern Slovakia in late March, 1939, the Hungarian ground troops seized one B-534. After repairs it was first tested by the Hungarian Air Force before receiving the civil registration HA-VAB. The aircraft was destroyed in late 1944 or early in the following year.

Romanian Air Force
Together with delivery of three DFS 230 troop/cargo –carrying gliders an unknown, but fairly probably similar number of the B-534 tugs was supplied. No information on their use is known.

Bulgarian Air Force
In Summer 1939 the Bulgarians bought from the Wirtschaftsgruppe Luftfahrtindustrie in Berlin, amongst other Czechoslovak aircraft, 78 of the B-534's of the 4th version, these were issued to the 2nd istrebitelen orlyak (2nd Fighter Air Regiment). Each of its four combat yato's (Squadrons) got 15 of the B-534's, the training yato receiving a dozen of them. These units were located at the Karlovo and Vrazhdebna airfield.
In March 1942 the 6th istrebitelen orlyak (6th Fighter Air Regiment) received its B-534's, allotting them to the 612th yato, based at the Vrazhdebna airfield, and to the 622th yato at the Bozhurishte airfield. On 1st August, 1943, these B-534's took–off for the biggest fighter operation in which this type was to take part – 48 Avias were sent against the American B-24 Liberator bobmbers that took part in the raid on the Romanian oil refineries at Ploiesti.
During the first attack the formation of American bombers climbed to height that was beyond reach of the elderly B-534's, but the Bulgarian pilots in their biplanes got several opportunities to attack the lone and/or damaged Liberator stragglers. But success was to

Barevné doplňky základního nátěru bulharských B-534 se měnily. Po nějakou dobu k nim patřil i žlutý pruh podél trupu.
Colour markings on the basic camouflage scheme of Bulgarian B-534's changed; for some time a yellow stripe was applied along the fuselage sides.

V zimě byl zastírací nátěr tohoto "dogana" doplněn skvrnami špinavě bílé barvy. (sbírka V. Němečka)
During the winter period the camouflage of this "Dogan" was covered with blotches of dirty white colour. (V. Němeček's collection)

stava amerických bombardérů do výšky, kam za nimi B–534 nemohly, piloti bulharských dvouplošníků však dostali několik šancí zaútočit na izolované a poškozené Liberatory při jejich návratu. Ani tak nedocílili úspěchu a naopak sami rozbili větší počet Avií při přistání.

Bylo jasné, že jako stíhačky jsou B–534 již beznadějně zastaralé. Zbylé stroje proto dostal 2. šturmovy orljak (bitevní letecký pluk), který jimi vyzbrojil své 2. jato. Ke 30. srpnu 1944 mělo ještě 19 "Doganů", jak Bulhaři B–534 nazývali, z toho 10 letuschopných.

Zprávy o účasti bulharských B–534 v bojích s dosavadními německými spojenci po 9. září 1944 nejsou k dispozici. Údajně však měl 2. bitevní letecký pluk šest bojeschopných avií ještě k 1.1. 1945, kdy operoval v Maďarsku. Na podzim roku 1944 se jich také několik opět objevilo u 2. stíhacího pluku, kde skončily svou kariéru až v létě 1945.

Řecké letectvo

Řecko bylo jediným státem, kam se B–534 dostaly přímo exportem z Avie. Nekoupilo je však řecké vojenské letectvo, ale obchodník G. Koutarellis, který je po vysvěcení 18. srpna 1936 letectvu daroval. Jednalo se o dva letouny druhého provedení, jejichž osud lze těžko sledovat, neboť jsou vždy uváděny jen jako "avie" spolu se čtyřmi BH-33, dodanými z Jugoslávie rok předtím. Patrně sloužily spolu s nimi jako letouny pro stíhací výcvik.

Všech šest avií se uvádí v sestavě řeckého vojenského letectva ještě při italském vpádu roku 1940. Jelikož byly rozděleny po jedné k různým bojovým jednotkám, s největší pravděpodobností byly užívány jen jako ozbrojené spojovací letouny.

elude them again, and, what is more, a number of Avias was destroyed during landings. It was perfectly clear that for any further fighter career the Avia B–534 was hopelessly obsolete. The surviving machines were thus transferred to the 2. shturmovy orlyak (2nd ground–attack Air Regiment), which used them to equip its 2. yato (2nd Squadron). As of 30th August 1944 it had some 19 "Doghans" (Hunting eagle), as the Bulgarians called their B–534, with 10 of them airworthy.

No reports of the participation of Bulgarian B–534's in combat against their erstwhile German allies after the 9th September 1944 anti–Nazi coup are available. Reportedly the 2nd ground–attack Regiment had six combatworthy Avias on its strength as late as on 1st January, 1945, when it was operating in Hungary. In the autumn of 1944 several B–534's reappeared on strength of the 2nd Fighter Regiment, where their career ended as late as in summer 1945.

Greek (Hellenic) Air Force

Greece was the only country where the B–534's got by a direct export from Avia. But, alas, they were not bought by the Greek Air Force, but by G. Koutarellis, a businessman, who handed the Avias over to HAF after a consecration ceremony on 18th August, 1936. The machines were of the second version, and their fate is hard to track as they are always listed as "Avias" together with the four BH-33, supplied from Yugoslavia a year earlier. They were probably used with them for the fighter training purposes.

All six Avias of two types were listed on strength of the Greek Air Force as late as at the time of Italian onslaught in 1940. As they were distributed to different combat units, they were in all probability used as the armed liaison machines only.

Slovenské vzdušné zbraně   Slovak Air Arm

13. letka SVZ užívala B-534 během tažení proti SSSR . (sbírka J. Janečky)
13th Squadron (13. letka) of the SVZ (Slovenské vzdušné zbraně - Slovak Air Arm) used its B-534 during the campaign against the USSR. (J. Janečka's collection)

Vojenské letectvo tzv. slovenského štátu užívalo během své existence něco kolem stovky stíhaček typové řady B–34 až 534. Bezpečně je doloženo 79 strojů B–534, 11 Bk–534 a 3 B–34. Z okolností ztrát při válečných konfliktech a jiných příležitostech je však jasné, že se tím počet užívaných letounů nevyčerpává.

Jelikož šlo o letouny ze stavu 3. leteckého pluku československého letectva, zůstávaly zprvu přiděleny jeho původním letkám. V nových poměrech ovšem tato organizace brzy přestala vyhovovat. Počet bojových stíhacích letek byl koncem roku 1939 snížen z pěti na tři, cvičná letka – která se naproti tomu rozrostla – byla při další reorganizaci začleněna do Letecké školy. Část letounů, včetně stíhacích, byla začleněna u Leteckého parku.

The SVZ – Slovenské vzdušné zbrane – Slovak air arm, the Air Arm of the so-called Slovak state (officially the Slovak republic) used during its existence something around a hundred of the machines of the B–34 to B–634 development line. Of these, 79 B–534, 11 Bk–534 and 3 B–34 types are positively documented, but judging from the list of combat and other casualties, it is clear that these figures do not cover the actual number of machines used. As these Avias came from the strength of the 3rd air Regiment of the Czechoslovak Air Force, they were first allotted to its letky (Squadrons). However, under new conditions this organization soon ceased to be satisfactory. The number of combat fighter letky was reduced from five to three, in late 1939; the training letka,

Základnou 11. a 12. stíhací letky byly Piešťany, 13. stíhací letka byla dislokována ve Spišské Nové Vsi. Cvičná letka sídlila na bratislavském letišti Vajnory, v Piešťanech a Nitře, Letecká škola po svém zřízení v říjnu 1940 nejprve v Trenčanských Biskupicích, od srpna na dnešním letišti Sliač, nazývaném tehdy Tri Duby. Také Letecký park se ze svého původního sídla v Nitře přesunul nejprve do Trenčanských Biskupic, od srpna 1943 zčásti na Tri Duby, zčásti na letiště Mokraď u Liptovského Hrádku.

Od 1. května 1941 byla ze stíhacích letek zorganizována vyšší jednotka, II. stíhací peruť. 13. letka z ní byla vyčleněna k 1. červnu 1943, neboť měla utvořit III. stíhací peruť, která však nebyla ve skutečnosti nikdy postavena. 13. letka tehdy beztak létala na východní frontě s Messerschmitty Bf 109G a Avie 11. a 12. letky měly být nahrazeny "stukami". K 1. srpnu téhož roku ostatně zbývalo už jen 43 B–534 a Bk–534, z toho 31 letuschopných. Značná část z nich přitom patřila Letecké škole, která s nimi již dříve plnila i bojové úkoly, jmenovitě hlídkování nad továrnami v Považí.

Bojová kariéra "pětistovek" ve slovenském letectvu ostatně začala v době, kdy ještě nebylo po rozbití Československa a okupaci zbytku českých zemí 15. března 1939 dosud ani formálně ustavené. Po zabrání zbytku Podkarpatské Rusi se totiž maďarské jednotky pokusily "rozšířit etnické území" na východě Slovenska. 23. a 24. března zasáhli do bojů i stíhači.

Avie B–534 letek 45 a 49 oficiálně již neexistujícího československého letectva prováděly 23. března průzkum a vzlétly i ke třem náletům ve tříčlenných rojích. Byly při nich úspěšné, ale por. J. Svetlík byl zabit střelou ze země v kabině svého letounu, který se při dopadu roztříštil. V kabině další avie byl těžce zraněn des. Š. Devan, který sice stačil nouzově přistát, ale vzápětí svému zranění podlehl.

Za úsvitu 24. března startoval k náletu další tříčlenný roj letky 49, byl však nad cílem napaden hlídkou maďarských Fiatů CR 32. Velitel letky por. J. Prháček zahynul – při nouzovém přistání explodovaly pumy pod křídly jeho avie. Des. Š. Martiš přistál s těžce poškozeným strojem přežil a na základnu ve Spišské Nové Vsi se vrátil jen svob. M. Karas. Tam mezitím dorazila z Piešťan skupina v síle jedné letky, vybraná z nejlepších pilotů letek 37, 38 a 39. Po doplnění paliva startoval tříčlenný roj jejích B–534 k průzkumu komunikací. Přes silnou palbu ze země se tento roj vrátil v pořádku. Štěstí však neměl roj letky 45, vyslaný bombardovat maďarské tanky. Do Spišské Nové Vsi se vrátil jen rtm. J. Hergott, velitel letky por. J. Páleníček a svob. J. Zachar museli s poškozenými stroji nouzově přistát. Svob. Zachar byl zajat a jeho letoun ukořistěn.

Odpoledne došlo k dalšímu vzdušnému boji. Devět maďarských fiatů zaskočilo tříčlenný roj Š–328 a jeho stíhací doprovod. Jeden Š–328 byl sestřelen a pro poškození musely nouzově přistát všechny tři B–534. Další dvě byly poškozeny při maďarském náletu na Spišskou Novou Ves a jedna zničena, když do ní narazil startující Š–328. Neúspěchy B–534 v těchto bojích bývají vysvětlovány citlivostí pohonné jednotky na poškození v boji i absencí ochrany pilota a palivových nádrží. Výsledky dalších bojových nasazení typu však tento názor nepotvrzují.

V Polsku se během září 1939 nesetkaly B–534 s vážnějším odporem. Slovenské vzdušné zbraně zde jako jediný oficiální spojenec Göringovy Luftwaffe nasadily tři letky, z toho dvě stíhací. Sloven-

which was augmented and grew in turn, was integrated into the Letecká škola (Air School) during the next reorganisation. A number of machines, including fighters, served with the Letecký park (Air Depot).

The base of the 11th and 12th stihacia letka (Fighter Squadron) was Piešťany, the 13th Fighter Squadron was based at Spišská Nová Ves. The training squadron was based at Vajnory (Bratislava) airfield, in Piešťany and Nitra, the Air school was based, after its establishment in October 1940, at Trenčianske Biskupice first, then, since August 1943, at the Tri Duby (today's Sliač) airfield. Also the Air depot moved from its original location at Nitra, first to the Trenčianske Biskupice, then, since August 1944, partially at the Tri Duby, partially at the Mokraď airfield near Liptovský Hrádok.

From 1st May 1941, the II. stihacia peruť (IInd Fighter Wing), was established as a "roof" unit over the Fighter Squadrons. From 1st June, 1943, the 13th Squadron was removed from its establishment as it was to form the basis for the IIIrd Fighter Wing, which was eventually never formed. The 13th Squadron by this time was flying the Messerschmitts Bf 109's on the Eastern front, anyway, and Avias of the 11th and 12th Squadron had to be superseded by Stukas. As of 1st August, 1943, there were only 43 B–534's and Bk–534's surviving, with 31 of them flyable. A substantial number

Avia v leteckém učilišti v Trenčíně (J. Janečka)
An Avia at the Trenčín Air Academy (J. Janečka's collection)

of them belonged to the Air school, which already fulfilled combat operations with them, too, namely the "smokestack" air patrols over the Považie factories.

The combat career of the "fivehundreds" in the Slovak Air Arm had begun even before the SAA was formally founded after breaking–up of Czechoslovakia and occupation of the remains of Czech lands on 15th March, 1939. After the remaining territory of Trans Carpathian Ruthenia was seized by Hungary, their troops also tried to "enlarge the ethnic territory" in the Eastern Slovakia. On 23rd and 24th March the fighters also entered the combat.

On 23rd March the B–534's of the letka 45 and 49 of the Czechoslovak Air Force (that already ceased to exist officially) were flying reconnaissance mission and took off for three ground–attack missions in three three–aircraft flights. They were successful, but Lt. J. Svetlík was killed by ground fire in the cockpit of his aircraft which was destroyed upon ground impact. Desátnik (Cpl.) Š. Devan was seriously wounded, managed to force–land but bled to death immediately afterwards.

At the dawn of 24th March another three–aircraft flight of letka 49 took–off for a ground–attack mission, but was attacked by a patrol of Hungarian FIAT CR–32's. Commander of the flight, poručík (Lt.) J. Prháček, died when the unjettisoned bombs under the wing of his Avia exploded upon a forced landing. Desátnik (Cpl.) Š. Martiš survived the landing in which his machine was seriously damaged, so only svobodník (Lance Cpl.) M. Karas returned to the base at Spišská Nová Ves. A group of pilots and aircraft in a squadron's strength, chosen from the best pilots of the 37th, 38th and 39th Squadrons, arrived from Piešťany. After refueling, a three–aircraft flight of their B–534's took–off for a road surveillance. Despite a strong ground fire the aircraft returned unscathed; their luck, however, escaped pilots of the 45th Squadron's flight, sent to bomb Hungarian tanks. Only rotmistr (Sgt.) J. Herrgot returned to Spišská Nová Ves. The Squadron's commander poručík (Lt.) J. Páleníček and svobodník (Lance Cpl.) J. Zachar had to force–land with their machines, J. Zachar and his aircraft being captured.

In the afternoon another air combat ensued, when nine Hungarian FIATs jumped a three–machine flight of Letov Š–328's and their fighter escort. One of the Š–328's was shot down and all three B–534's had to force–land because of damage. Further two Avias were damaged during Hungarian air attack on Spišská Nová Ves and one was destroyed when an Š–328 crashed to it during a take–off. The bad showing of the B–534's in these operations used to be explained by sensitivity of the powerplant to combat

ské jednotky nepostupovaly s frontou a omezily se v podstatě na obsazení částí Oravy a Spiše, odtržených Polskem roku 1918 za podpory mocností Dohody a roku 1938 ve spolupráci s Německem. Účast stíhačů spočívala především v doprovodu německých střemhlavých bombardérů Ju–87B "Stuka" při osmi náletech, během nichž startovaly z polního letiště Vinné u Michalovců. Poté stíhací letky přešly k hlídkování na hranici.

Při operacích nad Polskem sestřelila pozemní protivzdušná obrana jednu B–534 jejíž pilot, čet. V. Grúň, krátce pobyl v zajetí. O život přišel des. V. Jaloviar, který 9. září nezvládl přistání při návratu z akce. Stinnou stránkou byl i úspěch dvoučlenné stíhací hlídky, která koncem září poškodila palbou a přinutila tak k nouzovému přistání u Prešova polský RWD–8, prchající do Maďarska.
Podstatně rozsáhlejší byla účast slovenských stíhačů na německém vpádu do Sovětského svazu. Podle původního rozkazu zde měla být II. stíhací peruť nasazena roku 1941 do boje v plné sestavě tří letek. 11. letka se však tehdy nedostala dále, než na východoslovenská letiště. Na Ukrajinu odletěly 7. července 1941 pouze 12. a 13. letka, každá s jedenácti B–534. Záhy byly přiděleny jako stíhací ochrana německým pozorovacím letkám 3 H 32 a 4 H 32. 13. letka se 15. srpna vrátila do Piešťan, 12. letka setrvala v SSSR do 16. října. Spolupracovala s 1. pozorovací letkou SVZ, chránila z letiště Gubin most přes Dněpr a nakonec kryla prostor mezi Gornostajpolem a Morovskem.
Obě stíhací letky provedly provedly roku 1941 na frontě celkem 1 119 letů, z toho 58 soubojů ve vzduchu, 14 bitevních a 14 bombardovacích náletů, 383 hlídkových letů, 91 letů při stíhací ochraně slovenských letadel a 88 při ochraně německých. Zbytek připadl na různé přelety.
V souboji se skupinou sovětských "curtissů" se 12. letce podařilo 29. července uskutečnit první sestřel. Další tři jí přibyly na konto v soubojích nad mostem u Gornostajpolu 7. a 8. září. Po jednom si připsali čtk. J. Drlička a J. Kocka, ke třetímu se nikdo nehlásil, ač byl potvrzen německými pozemními jednotkami.
První bitevní nálet, zatím jen palubními zbraněmi, provedla 12. letka na sovětské kolony, ustupující 20. července po silnici Vinnica–Niemirov. Později se využívalo i schopnosti B–534 nosit pod křídly lehké pumy. Avie se ukázaly být dost efektivními letouny pro tento účel.
Silná palba ze země při těchto náletech, ale i při doprovodu pozorovacích letounů, byla pro B–534 největším ohrožením. Již 25. a 31. července museli s poškozenými letouny přistát za sovětskými liniemi čtk. Fr. Brezina a čtk. M. Danihel, které však vzali na křídla svých avií spolubojovníci, když přistáli vedle nich. Jejich štěstí však neměl 21. září čtk. J. Kaliský, který se svou B–534.213 zmizel beze stopy za ostřelování "zenitkami" při doprovodu Š–328. Naproti tomu z leteckých soubojů se zmiňuje záznam k 10.září jen nejasně o vyřazení avie 12. letky z boje sovětskými I–17 (tento neexistující letoun byl uváděn v příručkách pro rozpoznávání nepřátelské techniky a patrně zaměňován s migy a laggy).

damage and by the lack of protection for both pilot and fuel tanks. But the results of the further combat use of the type do not support this opinion.
In Poland, during September 1939, the B–534's did not meet any serious opposition. The Slovak Air Arm, as the only official combat ally of the Goering's Luftwaffe, committed to the operations three squadrons, two of them fighter –equipped. The Slovak units did not progress with front and virtually limited themselves to occupation of parts of the North–Slovakian regions of Orava and Spiš, which had been seized by Poland in 1918 with support of Entente powers and in 1938 in collaboration with Germany. The fighters' participation was restricted to escorting the German Ju 87B Stuka dive bombers during their eight missions from the Vinné near Michalovce airstrip. After these operations the fighter squadrons shifted to patrolling the border.
During operations over Poland the antiaircraft fire shot down one B–534, whose pilot, čatár (Sgt.) V. Grúň, spent a short time in captivity. Desiatnik (Cpl.) V. Valoviar lost his life on 9th September 1939 when he crashed upon landing, returning from a sortie. The dark pages in Avia's history, when this machine was used for the Axis cause, contain also the "success" of a two–aircraft patrol that in late September 1939 damaged and forced to land near Prešov a Polish RWD–8, fleeing to Hungary.

Působivý snímek slovenské Bk-534 v letu. (sbírka autora)
An impressive in-flight photo of a Slovak Bk-534. (Author's collection)

A substantially greater involvement was the participation of Slovak fighters in the German onslaught on the Soviet Union. According to the original orders the IInd Fighter Wing should have been deployed there in 1941 with a full complement of three squadrons. But the 11th Squadron did not progress beyond East–Slovakian airfields. On 7th July 1941 only the 12th and 13th Squadrons, each with eleven machines, left for Ukraine. They were soon assigned as a fighter escort to the German observation Staffeln 3/H 32 and 4/H32. The 13th Squadron returned to Piešťany on 15th August, the 12th Squadron remained in the USSR until 16th October. It cooperated with the 1st observation Squadron of the SVZ (Slovak Air Arm), protecting a bridge over Dnieper river, flying from the Gubin airfield and finally covered the area between Gornostaypol and Morovsk.
Both Fighter Squadrons in 1941 flew a total of 1119 front –line missions, including 58 air combats, 14 strafing and 14 bombing missions, 383 patrol missions, 91 escort missions protecting Slovak aircraft and 88 protecting German ones. The remaining number of missions consisted of various ferry flights.
On 29th July 1941, in a dogfight with Soviet "Curtisses" (the usual designation of Polikarpov I–15, I–152 and I–153 biplanes), the 12th Squadron achieved its first kill. Further three kills were added to its score on 7th and 8th September, during dogfights over the bridge near Gornostaypol. Čtk. (Sgts.) J. Drlička and J. Kocka achieved one kill each, the third kill remained unclaimed despite the fact that the German ground unit confirmed it.
The first ground–attack raid, a strafing one, was directed against the Soviet columns, retreating on the Vinnica–Niemirov road on 20th July. The capability of the B–534 to carry light bombs underwing was used later, the Avias proving themselves as a quite effective aircraft for this purpose.
The strong AA fire encountered not only during the strafing missions, but also during escort missions for observation aircraft, proved to be the greatest menace to B–534's. As early as the 25th and 31st July čtk. (Sgts.) Fr. Brezina and M. Danihel were forced to land behind the enemy lines, but they were rescued by their colleagues who landed alongside and brought them home, clinging to the wing struts ! On 21st September this luck eluded čtk. (Sgt.) J. Kaliský, who disappeared without trace along with his B–534.213 after being fired at by "zenitki" (light AA artillery) during an mission escorting Letov Š–328 aircraft. On the other hand, the air combat records of 10th September mentioned rather unclearly the that a 12th Squadron's Avia was knocked out by Soviet I–17's (this

11. letka poslaná do SSSR rozkazem z 1. června 1942 a nasazená už jen v zázemí jako protipartizánská, se musela smířit se sestřelením dvou ze svých jedenácti B–534 palbou ze země. Při jejím čtrnáctiměsíčním nasazení je to ovšem – stejně jako při předchozích operacích na frontě – dost nízké procento ztrát. Avie B–534 se osvědčily nejen v soubojích se sovětskými letouny své generace, ale dobře snášely i přesnou palbu Rudé armády, partyzánů a také německých i slovenských pozemních jednotek, jimž se jich též podařilo několik poškodit.

Frontové kariéře "pětistovek" učinily konec především potíže se zásobováním náhradními součástkami, lihobenzinovou směsí Bi-BoLi – pro kterou byly jejich motory uzpůsobeny, neboť ji užívalo již předválečné československé letectvo – a především zastarávání a opotřebení. Již v únoru 1942 byla první skupina slovenských letců poslána do Dánska přeškolit se na messerschmitty Bf 109E a "stodevítky" pak slovenští letci užívali nejen na frontě, ale stále častěji i na domácích základnách. Nevyhnutelnost přezbrojení dokládá i to, že zatímco v bojových operacích přišly Slovenské vzdušné zbraně o šest B–534, haváriemi na Slovensku o osm.

Přesto zůstávaly Avie B–534 důležitou složkou výzbroje Slovenských vzdušných zbraní až do jejich zániku. Po svém návratu z fronty jimi byla doplňována i 13. letka, pět B–534 se ještě v létě 1944 stalo součástí Skupiny vzdušných zbraní – která soustředila všechny zbývající bojeschopné letouny slovenského letectva a měla poskytovat vzdušné krytí dvěma slovenským pozemním divizím v karpatských průsmycích. Čtyři avie byly mezi sedmadvaceti stroji, jejichž přistání na území kontrolovaném Rudou armádou znamenalo 31. srpna 1944 konec krátké historie Slovenských vzdušných zbraní.

spurious type was listed in the German enemy weapons recognition handbooks, and probably the MiGs and LaGGs were usually misidentified for it).

The 11th Squadron, was sent to USSR by an order of 1st June 1942 and was deployed for anti–partisan operations in the hinterland. It suffered loss of two of its eleven B–534's to ground fire. Considering its fourteen–month operational tour, the percentual casualty rate is, like with other front–line operations, quite low. The B–534's proved themselves well not only in the dogfights with Soviet aircraft of the same generation, but they stood well also to the accurate AA fire of Soviet troops, partisans and also of German and Slovak ground troops who succeeded to damage several of Avias, too!

The front–line career of the "fivehundreds" was curtailed primarily by the supply problems associated with both the spare parts and the BiBoLi fuel (an alcohol–benzol–petrol mixture, a carry–over from the pre–war Czechoslovak Air Force, for which the engines were adjusted). But above all, the obsolescence and the general wear and tear caused by the compabt operation was the main cause of problems.

As early as in February 1942 a first group of Slovak airmen was sent to Denmark for conversion training on the Messerschmitt Bf 109E's and the "one–o–nines" were used by Slovak pilots not only at the front, but even more often from the bases at home. The inevitability of rearmament was proven also by the fact that while in combat the Slovak Air Arm lost six B–534, accidents in Slovakia deprived them of further eight machines.

Despite this the Avias were an important component of the Slovak Air Arm's strength from its start until its demise. Even the 13th Squadron was resupplied with them upon its return from the front. In summer of 1944 five B–534's and one Bk–534 were transferred into the Skupina vzdušných zbraní (Air Arm Group) to support the two army divisions in the Carpathian passes and, as a result, were given virtually all remaining combat–worthy aircraft. Four Avias were among the 27 machines whose escape and landing on the Red Army–controlled territory on 31st August 1944 meant the end of the short history of the Slovenské vzdušné zbrane – Slovak Air Arm.

Motorová zkouška slovenské Bk-534 s lyžovým podvozkem vyrobeným v Trenčíně. (J.Janečka)

An engine run-up of a Slovak Bk-534 with skis that were made in Trenčín. (J. Janečka's collection)

Mechanici při údržbě B–534.315. Za povšimnutí stojí umístění anténního stožárku německé radiostanice na horním křídle a kusového čísla na přídi trupu. (sbírka J. Janečky)

Mechanics during maintenance of the B-534.315. The German radio antenna mast on the upper wing and the c/n repeated on the fuselage nose is noteworthy. (J. Janečka's collection)

Avia B-534 Kombinované letky v období SNP. Tento letoun měl vrtulový kužel z Bk 534 (sbírka J. Janečky)
The Avia B-534 of the Combined Squadron during the Slovak national uprising. This aircraft had the airscrew spinner taken from a Bk-534. (J. Janečka's collection)

Československé letectvo za 2. světové války

Letecké jednotky československého zahraničního odboje ve své výzbroji B–534 z pochopitelných důvodů neměly. Zato jako prostředek úletu na stranu protiněmecké koalice je použilo několik československých letců.

Někdy popisovaný úlet čet. J. Františka do Polska 14. března 1939, zpestřený ostřelováním německých kolon, je pouhou smyšlenkou. Nedoloženy zůstávají i přelety několika B–534 a Š–328 na východní frontě, byť příběhy o nich vyhlížejí mnohem reálněji. Jistý je však pouze případ čtyř příslušníků 13. letky, kteří ovšem roku 1943 použili messerschmitty Bf 109G.

Na Avii B–534, resp. Bk–534 nicméně zcela jistě uletěl npor. J. Hlaďo roku 1940 a o tři roky později stot. J. Páleníček, por. A. Droppa, por. A. Mönnich a por. B. Slemenský v rámci Skupiny vzdušných zbraní. O úlet do SSSR se těsně před jeho napadením pokusil také čet. P. Horváth, který však omylem přistál v okupovaném Užhorodu. Maďarské úřady ho vydaly na Slovensko, kde byl odsouzen k trestu smrti, rozsudek však nebyl vykonán.

V roce 1944 se B–534 Letecké školy Slovenských vzdušných zbraní staly významnou složkou bojové techniky Kombinované letky, představující celou leteckou sílu Slovenského národního povstání před příletem 1. československého stíhacího pluku ze SSSR. Olétané a často již vysloužilé stroje byly uschopňovány a udržovány v provozu často "kanibalizací" jiných. Velení 1. čs. armády na Slovensku sice žádalo sovětské orgány o vrácení B–534.158, 181, 364 a Bk–534.512 ze skupiny vzdušných zbraní, ty však nebyly na rozdíl od dvou Bf 109G, dvou Š–328 a jednoho Fw 189A přelétnuty zpět.

Kombinovaná letka měla ve své výzbroji B–534.217, 325 a nejméně dva další letouny tohoto typu, nikoli dvě B–534 a jednu Bk–534 jak se mylně traduje. Do draku jedné B–534 však byl instalován motor HS 12Ycrs z Bk–534 a tento "bastard" (jak se mu přezdívalo) létal bez střelecké výzbroje na nálety lehkými pumami.

Také ostatní B–534 sloužily převážně jako bitevníky, byť existují zprávy o jejich nasazení ke stíhacímu doprovodu Š–328. Na B–534 však tehdy rtm. Fr. Cyprich přesto dosáhl posledního ověřeného

Czechoslovak Air Force during the 2nd World War

The air units of the Czechoslovak foreign resistance, not unsurprisingly, did not possess any B–534's. But several Czechoslovak pilots used these machines as the escape vehicles to reach the side of Anti–Nazi coalition forces. The occasionally mentioned yarn of četař (Sgt.) Josef František (the Battle of Britain's most successful fighter pilot with 17 kills), escaping to Poland on 15th March 1939 with an Avia B–534, further improved upon by his reported strafing of German columns, is totally fictitious.

The escapes of several Slovak B–534's and Š–328's on the Eastern front also remain unproved, albeit looking far more likely. The fleeing of four members of the 13th Sq., Slovak Air Arm, in 1943, is beyond doubt, indeed, but they used their Messerschmitt Bf 109G's. Escapes on the B–534 or Bk–534 were proven beyond doubt for nadporučík (1st Lt.) J. Hlaďo (in 1940) and for stotník (Sgt.) J. Páleníček, who with poručík (Lt.), poručík A. Mönnich and poručík B. Slemenský escaped three years later from the Skupina vzdušných zbraní (Air Arm Group). Also čatár (Sgt.) P. Horváth attempted to fly to the USSR immediately before it was attacked, but by mistake he landed in the occupied Uzhgorod. The Hungarian authorities turned him over to Slovakia, where he was sentenced to death, but the execution was never carried out.

In 1944 the B–534 of the Letecká škola Slovenských vzdušných zbraní (Air school of the Slovak Air Arm) became an important part of the combat strength of the Kombinovaná letka (Combined Squadron), representing the complete air power of the Slovak National Uprising before the 1st Czechoslovak Fighter Regiment in the USSR arrived. The well–worn and often expired Slovak machines were made combatworthy and maintained by frequent cannibalising of other les well–off airframes. The Command of the 1st Czechoslovak Army in Slovakia asked the Soviet authorities to return back the B–534.158, .181, .364 and the Bk–534.512 from the Air Arm Group, however, unlike the two Bf 109G's, two Š–328's and one Fw 189A, they were not flown back.

The Combined Squadron had on its strength the B–534.217, the .325 and at least two other machines of this type, not two B–534's

sestřelu na dvouplošníku ve 2. světové válce, když byl vyslán proti maďarskému Junkersu Ju 52/3m, jehož osádka netušila, že už neletí nad spojeneckým, ale nepřátelským územím a bezstarostně se promenovala přímo nad povstaleckým letištěm Tri Duby. Bitevní nálet se naopak stal osudným por. M. Illovskému, když dvojice B–534 nemohla pro špatné počasí zaútočit na německou kolonu u Vrútek, proti které byla vyslána. Při návratu narazil jeho letoun na kopec Piargy, pumy pod křídlem explodovaly a pilot uhořel. Po příletu 1. čs. stíhacího leteckého pluku s moderními Lavočkiny La–5FN dne 17. září nebylo již nutné nasazovat zastaralé a opotřebované stroje Kombinované letky tak intenzívně, jako předtím. Po nutných opravách se nicméně opět objevovaly ve vzduchu a dvě B–534 vydržely až do konce povstání, kdy byly 25. října 1944 zapáleny na ploše vyklizeného letiště Tri Duby.

and one Bk–534, as the erroneous tradition relates. However, as related earlier, an HS–12 Ycrs engine from a Bk–534 was installed into a B–534 airframe, and this "bastard", as it was nicknamed, flew without gun armament, being used for light bombing missions only. Other B–534's served predominantly in the ground attack /strafing rôle, albeit there were reports of their use for fighter escort of Š–328 missions. On that occasion rotmistr (Sgt.) František Cyprich achieved the last confirmed air to air kill by a biplane fighter in a Second World War's (and by implication, probably the world's last), when he was sent against and shot down a Hungarian AF's Junkers Ju 52–3m, whose crew were unaware of the fact that they were flying not over a friendly, but an enemy territory, and happily droned directly over the insurgent Tri Duby airfield.
On the other hand a ground attack mission brought grief to poručík (Lt.) M. Illovský. His pair of B–534's were unable to attack a German column at Vrútky because of bad weather, and, when returning home, he crashed to the Piargy hill, his underwing bombs exploded and he was burned to death in the ensuing fire.
After the 1st Czechoslovak Fighter Regiment in the USSR, equipped with with its modern Lavochkin La–5FN's, arrived on 17th September 1944, the obsolete and worn machines of the Combined Squadron were not so urgently needed in combat as before. After necessary repairs they nevertheless flew occasionally and two of the B–534's survived until the end of the Uprising, when, on 25th October 1944, they were set on fire as the Tri Duby airfield was evacuated.

Maďarský Ju 52/3m sestřelený rtm. F. Cyprichem na B-534. (J. Janečka)
A Hungarian Ju 52/3m, shot down by rotmistr (W/O) F. Cyprich, lying Avia B-534. (J. Janečka's collection)

Zbarvení a označování

Základní schéma zbarvení B–534 i Bk–534 bylo dáno předpisy o zastíracím nátěru československých vojenských letounů v polovině třicátých let a jejich změnami: Khaki na horních a bočních plochách, hliníková bronz (matná stříbrná) na spodních, kterou později nahradila šedá. V tomto základním schématu létaly i u dalších uživatelů, s vyjímkou Četnických leteckých hlídek, Maďarska a několika německých cvičných jednotek.
Československá barva khaki měla odstín bližší tmavozelené než hnědé. Postupem doby však bledla a kromě toho se odstín měnil i podle počtu vrstev celonového laku, kryjícího vlastní kamuflážní barvu. Na některých částech letounu bylo vrstev těchto více a ty měly odlišný odstín, zejména na nových letounech, stejně jako kovové a plátěné části potahu. Barvou khaki byly v továrně nastříkány horní a boční plochy trupu, celá plocha směrovky (včetně spodní hrany), vrtulový kužel, rámy čelního štítku i překrytu kabiny, všechny vzpěry, celé podvozkové nohy, disky kol a jejich kapoty.

Camouflage and marking

The basic colour scheme of the B–534 and Bk–534 was set out in the camouflage regulations for the Czechoslovak military aircraft, valid in the mid–thirties and by their changes: The original scheme was khaki colour on the upper and side surfaces, aluminium bronze (matt silver) on the undersides. The underside silver was later replaced with grey. This basic scheme was carried by the Avias of other users as well, with the exception of the Četnické letecké hlídky (Gendarmerie Air Patrols), Hungary and some German training units.
The Czechoslovak khaki paint was of shade closer to green than to brown. But with the passing of time it faded to paler shades, and also the number of layers and the quality of Cellon lacquer, covering the camouflage colour, influenced the final hue. In some parts of the aircraft the number of layers was higher, giving different shade. This difference was marked on new aircraft, as it also was between painted metal and fabric areas of covering. The khaki

B-534.25 ze stavu 43 letky let. pluku 4 (modrý lev v bílém poli) startuje ke cvičnému bombardování v Malackách. Letoun je vybaven teleskopickým zaměřovačem. (sbírka J. Janečky)

A B-534.25 of 25. letka (25th Sq.) of the letecký pluk 4 (4th Air Regt.), carrying the regimental badge of blue lion on a white rectangle, starts for the training bombing sortie in Malacky. The machine has a telescopic sight.

Na křídlech a vodorovné ocasní ploše zasahovala barva khaki z horních ploch tenkou linkou na spodní. Na vodorovné ocasní ploše lemovala celý její okraj (včetně odtokové hrany), na křídlech jen náběžnou hranu a koncové oblouky. Na horním křídle končil lem spodní plochy u křidélek, na dolním u čtvrtého žebra od konce. Některé B–534 a zejména Bk–534 měly barvou khaki nastříkánu celou spodní plochu horního křídla a to již v předválečném československém letectvu, nikoli až u Slovenských vzdušných zbraní, jak se někdy tvrdí.

Roj B-534 první verze od 31. letky 1. lp T.G.M. (bílý lev v modrém poli). Květen 1936. (Sbírka J. Janečky)
A flight of B-534 fighters of the first version of the 31st letka (sq.) of the 1st lp (Air Regiment) of T.G. M. (white lion on a blue rectangle). (J. Janečka's collection)

Spodní plochy kryl původně nátěr matnou stříbrnou barvou, označovanou jako hlinková bronz. Touto barvou byla natřena i vnitřní konstrukce letounu, vnitřní strana plátěného potahu (přinejmenším v pilotním prostoru), výztužné dráty, stupačka u kabiny a závěsníky pum i osvětlovacích raket. Nekryla však část vodního chladiče. Od poloviny třicátých let se uvažovalo o nahrazení hlinkové bronzi šedou barvou, která byla zkoušena na B-534.139. Ke změně došlo na přelomu srpna a září 1938, takže B-534 od čísla 378 výše a všechny Bk-534 již byly zespodu šedé. Šedý nátěr spodních ploch se udržel i na Bk-534 vyráběných pro Luftwaffe. V Kunovicích ho při opravách a revizích dostávaly letouny Slovenských vzdušných zbraní.
Kovové vrtule měly původně listy z leštěné oceli, přetírané na zadní straně matnou černou barvou, která byla od podzimu 1938 zaváděna i na jejich přední stranu. Dřevěné vrtule v barvě lepených vrstev žlutobéžové a hnědé překližky, přetřené bezbarvým lakem, měly mosazné kování náběžné hrany a na konci listů a obvykle i u jejich kořene tmavozelené bandáže.
Palubní deska byla černá, některé ovládací páčky na ní i jinde v kabině zůstávaly v přírodní barvě kovu. Závěry kulometů a páky pro jejich natahování byly matně hnědé. Pilot seděl na koženém polštáři, opěrka zad jeho sedačky však čalouněna nebyla a měla barvu hlinkové bronzi. Kožený byl i lem okrajů otevřených kabin.
Kusové číslo letounu bylo umístěno na bocích trupu a menším písmem na všech oddělitelných částech draku. 26.6.1938 nařídilo MNO přemístit kusové číslo na pravou stranu interiéru pilotního prostoru a na oddělitelných částech draku jej psát "na nenápadném místě drobným písmem" nebo tak, aby po smontování letounu nebylo vidět. Stroje vyrobené po tomto datu tak byly označovány přímo v továrně, ostatní při revizích a opravách.
Československé výsostné znaky měly na všech sériových B–534 a Bk–534 modrofialový lem. Do posledního srpnového týdne roku 1938 nesly letouny na trupu nad kusovým číslem plukovní znak

colour was sprayed on in the factory to the complete upper and side surfaces of the fuselage, the complete vertical tail surface including the bottom edge of the rudder, to airscrew spinner, windshield and cockpit canopy framing, all of the struts, the complete undercarriage legs, wheel discs and wheel spats. On the wings and horizontal tail the khaki colour overlapped several centimetres on the undersides, creating a narrow strip. The horizontal tail's underside was bordered completely, including the trailing edges, while on the wings the leading edge and the wing tips only received this colour overlap on the undersides. On the upper wing this border ended at the ailerons, on the bottom wing at the fourth rib (counted from the tip). Some B–534's and especially the Bk–534 got the upper wing undersurface sprayed completely in khaki. This was introduced already in the pre–war Czechoslovak AF, and not only during the war in the Slovak Air Arm, as is sometimes erroneously stated.
The undersides were originally painted in matt silver colour, called aluminium bronze. This colour was used to cover also the internal airframe parts, the inner face of the fabric covering (at least in the cockpit), the streamlined bracing wires, the kick–in step under the cockpit and the bomb and illumination rockets' racks. The central part of the radiator was nevertheless left unpainted.
Since the mid–thirties the replacement of aluminium bronze with grey colour, tested on the B–534.139, was considered. The change was put into effect in August/September 1938, so the B–534's from c/n 378 on and all of the Bk–534's were grey underneath. The grey paint was used also on the Bk–534's produced for Luftwaffe. This paint was also applied during repairs and overhauls of the Slovak Air Arm machines at the Kunovice plant.
The blades of the metal airscrews were in polished aluminium finish, painted matt black on the rear surfaces; from the autumn 1938 black paint was applied to the front surfaces, too. Wooden airscrews were in natural laminated wood colour, yellowy and brown, clear lacquered, with brass leading–edge and tip abrasion sheathing. Usually a dark green fabric bandaging at the tip and usually also close to the blade root.
The instrument panel was black, some controls on it and elsewhere in the cockpit remained in the natural metal. The machine gun breech blocks and the arming levers were matte brown. Pilot sat on a leather cushion, but the seat back was not upholstered and was in aluminium bronze. Also the open–cockpit coaming was leather.
The c/n of the machine was stencilled on the fuselage sides and in smaller characters on all detachable parts of the airframe. On 26th June 1938 the MNO ordered to transfer the c/n's to the starboard interior side of the cockpit, and to write the c/n "in an inconspicuous place in minute characters" or in such a way as to hide it once the part was installed. The reason for this measure was to conceal the exact number and movement of machines available to the CzAF, as the German Fifth Column in the shape of a substantial proportion of the three milion Sudetendeutsche was almost omnipresent. The machines produced after that date were thus marked already in the factory, others during repairs and overhauls.
Czechoslovak national insignia (a roundel divided into three equal–size sections of red, white and blue), were bordered in blue–violet colour on all series–built B–534's and Bk–534's. Until the last week of August of 1938 the aircraft carried the regimental badge on their fuselages above the c/n's, in a white, 50 x 45 cm rectangle, followed by the white 70 cm high characters showing Squadron and machine–in–Squadron designation. These consisted of a letter and a numeral. The VTLÚ machines were designated with letter S instead of the badge, the VLÚ machines with a letter C, both of the same heigth as the badge. In 1938 some Squadrons changed their codes to emblems, but during the Munich crisis in autumn of the same year they were mostly painted over.
Until the first break–up of Czechoslovakia and on some Slovak machines until 1941 the airscrew spinners were finished in individual Squadron's colours. Some of them, (especially those at the lp 4 (4th Air Regiment) used colours of their choice also on the inner bandages of the wooden airscrews, wheel discs and spats and on the interplane struts.
The colour scheme of the Četnické letecké hlídky (ČLH – Gendarmerie Air Patrols) was set out by a regulation, according to

v obdélníku o rozměrech 50 x 45 cm a za ním bílými literami o výšce 70 cm označení letky, složené z písmene a čísla. Letouny VTLÚ byly místo znakem označeny písmenem S a letouny VLU písmenem C, obojím ve výšce znaku. Některé letky nahrazovaly roku 1938 své kódové označení emblémy, na podzim 1938 však byly i ty na některých strojích zamalovány.

Až do tehdejšího rozbití Československa a na některých slovenských letounech až do roku 1941 zůstaly vrtulové kužely zbarveny způsobem, který odlišoval jednotlivé letky. Některé (zejména u lp 4) užívaly barvy, jež si zvolily, též na vnitřních bandážích dřevěných vrtulí, discích a kapotách kol i na křídelních vzpěrách.

Zbarvení letounů Četnických leteckých hlídek stanovil předpis, dle něhož "budou míti základní tón šedozelený, hlava trupu a okraje hosných ploch barvy šarlatově červené". Na B–534 to znamenalo šarlatové náběžné hrany a koncové oblouky křídel i ocasních ploch, střídání šedozelené a šarlatové barvy na vrtulovém kuželu a šarlatové, bíle lemované civilní označení na trupu a křídlech. Doplněno bylo na směrovce výsostným znakem v podobě bíle lemovaného sférického trojúhelníku místo obvyklé červeno – modro – bíle kokardy.

Tyto kokardy nesly na křídlech a směrovce i B–534 v Curychu a to v kombinaci s civilním označením na trupu a křídlech, psaném však černými, bíle lemovanými literami.

V německém, slovenském a bulharském letectvu bylo základní československé zbarvení často doplňováno žlutou barvou, zejména na křídlech, trupu, vrtulovém kuželu a někdy i na ocasních plochách. Tyto doplňky se lišily nejen dle příslušnosti k uvedeným leteckým silám, ale zejména v závislosti na tom, zda šlo o označení cvičných letounů z doby před útokem na Sovětský svaz, nebo bojových letounů na východní frontě a bulharskou adaptaci jejich identifikačních nátěrů. Žluté identifikační nátěry Německa a jeho satelitů zůstaly zachovány i na B–534 Kombinované letky.

Z bulharského a německého letectva jsou známy zimní kamuflážní nátěry bílou barvou, některé stroje německých cvičných jednotek byly zřejmě přestříkány šedou barvou na všech plochách.

Obě řecké B–534 byly dodány ve standardním československém zbarvení, případné změny v jejich vzhledu z dob jejich služby nejsou známy. Maďaři pokládali za nutné přestříkat ukořistěný letoun dle svých kamuflážních předpisů, tj. světlešedou na spodních plochách, tmavozelenou, okrovou a šedou na ostatních. Později byla přestříkána dle vzoru nově dodávaných italských letounů: světlešedá zespodu zůstala, na horních a bočních plochách však byl základní šedozelený nátěr doplněn množstvím drobných pískových skvrn. Vojenské označení G–190 i pozdější civilní HA–VAB zůstávalo červené.

which the machines were to "have the basic (colour) tone of grey–green; head (sic) of the fuselage and the wings extremities shall be scarlet red". On the B–534 it meant that the leading edges of wings, horizontal tail and their tips were scarlet, that the scarlet and grey–green alternated on the spinner and that scarlet, white–bordered civil registration was applied to fuselage and wings. It was complemented by a white–bordered national insignia of convex triangular shape instead of the usual circular red –blue –white trisected cockade, painted on the vertical tail.

These standard national cockades were carried on the wings and tails of the B–534's taking part in the Zurich meeting, combined with civil registrations in black, white–bordered letters on fuselages and wings.

In the German, Slovak and Bulgarian Air Force the standard Czechoslovak camouflage was often complemented by a yellow colour, especially on wings, fuselage, airscrew spinner and sometime also on the empennage. These additions differed not only by the respective Air Force, but also depending on the status and period (e.g. training aircraft before the onslaught on the USSR, combat aircraft on the Eastern front and/or the Bulgarian adaptation of their identification markings. Yellow i.d. markings of Germany and its satellites were retained by the B–534's of the Combined Squadron during the SNU.

Application of the white winter camouflage paint on Bulgarian and German Air Force machines are confirmed, some German Avias were apparently oversprayed in grey colour on all surfaces.

Both Greek B–534's were delivered in standard Czechoslovak colour schemes, eventual changes to their appearance during their service are not known. The Hungarians felt it necessary to respray their war–booty machine according to their camouflage regulations, i.e. light grey on undersides and irregular areas of dark green, ochre and grey on the remaining surfaces. Later still it was resprayed according to the schemes of the newly –delivered Italian aircraft: light grey on undersides remained, but a multitude of small sand – coloured blotches was sprayed on the upper and side surfaces onto the basic overspray of grey–green. The military designation G–190 and the later civilian HA–VAB remained in red.

Na snímku shora je dobře vidět umístění a velikost slovenských výsostných znaků na horním křídle. (Sbírka J. Janečky)
Picture above depicts well the location and size of Slovak national insignia on the upper wing (J. Janečka's collection)

Německá B-534 v zimní kamufláži. Na levém spodním křídle je dobře vidět přídavná nádrž. (Sb. J. Zazvonila)

This B-534 in German service carried the winter camouflage. The auxiliary fuel tank is well visible below the port bottom wing (J. Zazvonil's collection)

Avia B–534 z technického pohledu
Avia B–534 from the technical point of view

Avia B–534 i její verze Bk–534 byly jednomístné jednomotorové dvouplošníky s jednoduchými ocasními plochami a pevným záďovým podvozkem. Označovaly se jako celokovové letouny, jejich potah však byl zčásti plátěný.

Trup měl příhradovou konstrukci z ocelových trubek, styčníky byly sešroubovány a snýtovány. Mimo to, celá konstrukce byla vyztužena ocelovými dráty. Přední část trupu, počínaje krytem motoru, až za sedadlo pilota kryly odnímatelné panely z elektronového plechu. Pokud se u nich předpokládalo častější snímání, panely se připevňovaly pomocí rychlozámků, ostatní byly přišroubovány.

The Avia B–534 and its Bk–534 variant was a single – seat single engine braced biplane with single tail surfaces and with fixed tail-wheel undercarriage. They were of all–metal structure covered in fabric, with some surface panels of metal sheet.

The fuselage was of steel–tube rectangular section girder box structure, the fishplates were bolted and riveted to the tubes. The structure was braced with steel wires. The forward fuselage, from engine cowling to the rear of the cockpit, was covered with magnesium alloy (elektron) sheet panels. In places where a more frequent removal was expected, the quick release fasteners were used, where not, the panels were attached with screws.

Za pohonnou jednotkou byly v trupu umístěny dvě palivové nádrže, hlavní a spádová. Spádová nádrž měla objem 90 l, hlavní u B–534 měla 257 l, u Bk–534 jen 96 l, neboť většina jejího původního prostoru zde byla uvolněna pro mechanismus a bubnový zásobník kanónu.

Vzadu za nádržemi se nacházely nábojové schránky a šikmo nad nimi hlavní přístrojová deska, která měla pružné uchycení. Umístěna byla tak, aby přístroje na ní instalované byly vzdáleny od očí pilota zhruba 60 cm. Vybavení a uspořádání této desky se lišilo jak u verzí B–534 a Bk–534, tak u strojů jednotlivých výrobních

Detail konstrukce trupu (spojení trubek a uchacení výztužných drátů)
A detail of fuselage structure - tube joints and attachment of the bracing wires.

Two fuel tanks were located in the fuselage behind the powerplant. The gravity tank held 90 litres of fuel, the main tank was of 257 litre capacity on the B–534 and of only 96 litres capacity on the Bk–534, as most of volume of the original tank was taken to make space for the mechanism and the drum magazine of the cannon.

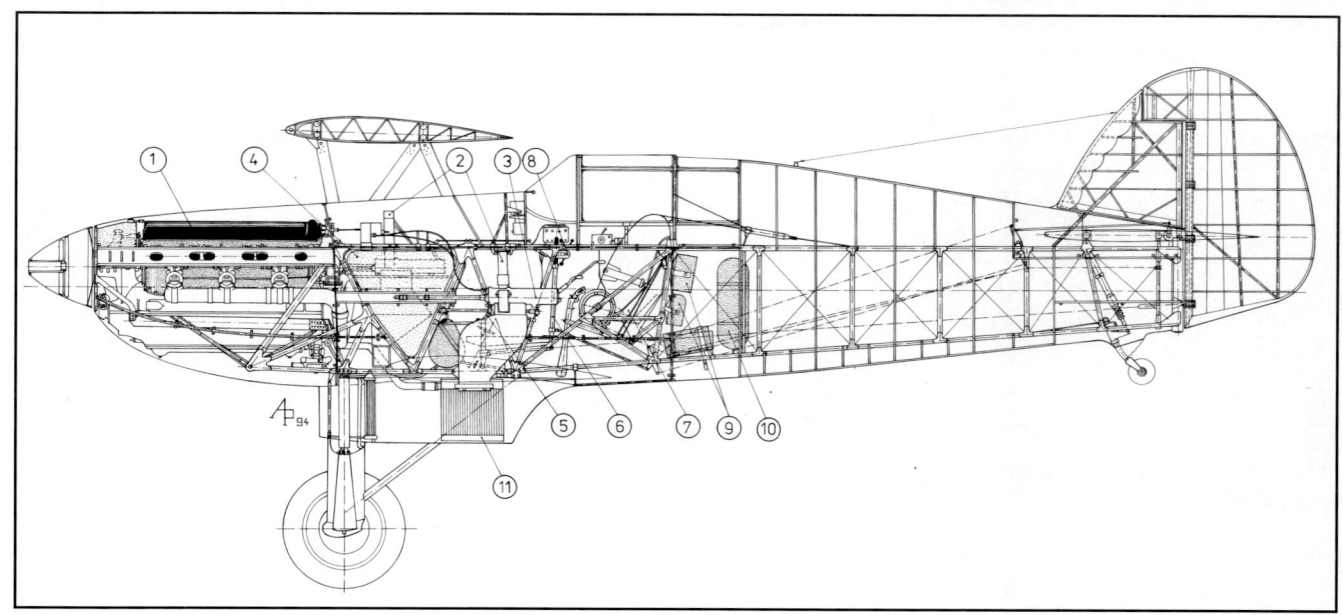

Tovární snímek B-534.17 s odkrytovanou přední polovinou tupu. (sbírka J. Janečky)
A factory photo of the B-534.17 with forward fuselage panels removed. (J. Janečka's collection)

Hlavní přístrojová deska letounů první a druhé "verze" ....a strojů pro Řecko (sbírka J. Janečky a autora)
Main instrument panels of the first- and second-version aircraft .... and of the Greek machines. (J. Janečka's and Author's collections)

1	motor	1	motor
2	nábojové schránky	2	ammunition boxes
3	kulomet	3	machine gun
4	palivová nádrž	4	fuel tank
5	nožní řízení	5	redder pedals
6	řídicí páka	6	control column
7	sedačka	7	pilot seat
8	ovládání motoru	8	engine control
9	radiosouprava	9	R/T set
10	stlačený vzduch	10	compressed air
11	chladič oleje a kapaliny	11	oil and liquid cooler

The MG ammunition boxes were located behind the fuel tanks. The instrument panel was placed slightly up and behind the MG breeches and was sprung, its location providing for the optimum distance of cca 60 cm (two feet) between the pilots eyes and the facia. The instrument panel layouts differed between the B–534 versions, their procurement batches and the Bk–534 variant. The seat, adapted for the back –parachute, was height–adjustable within 150 mm by a lever on starboard cockpit side. The rudder pedals distance was adjustable, too, by a tubular cross member on the floor. The hand–wheel on the port cockpit side controlled the longitudinal trim in flight by adjusting the angle of incidence of the horizontal stabilizer.

The cockpit of the first three versions of the B–534 was open, having a padded leather coaming. The three–piece windshield was made up of organic glass plates, protecting the pilot from the wind blast. To enclose this older cockpit arrangement a special teardrop – shaped canopy was developed.

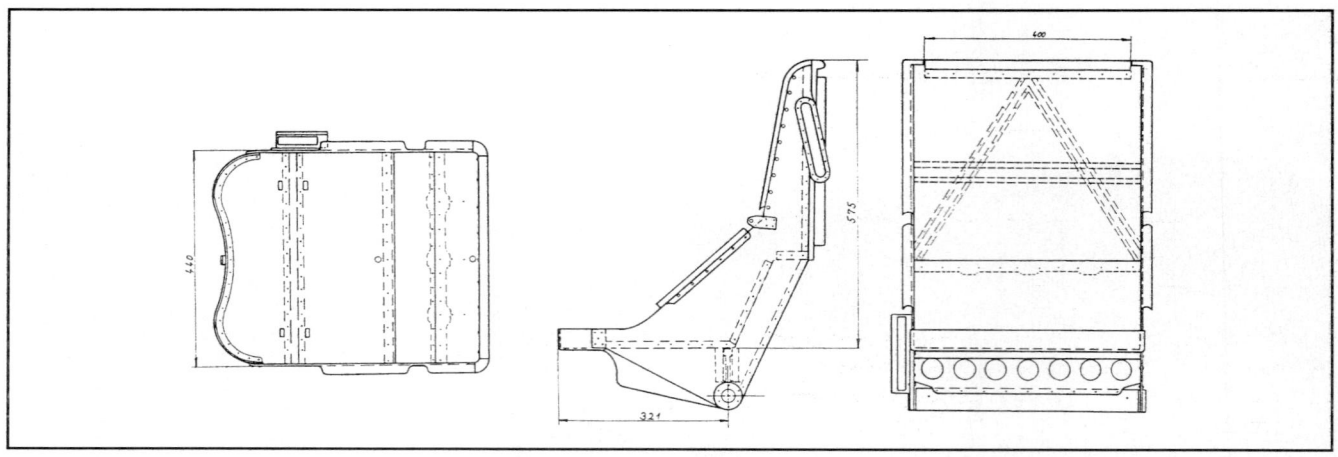

bloků. Sedačka uzpůsobená pro zádový padák byla nastavitelná v rozmezí 150 mm pákou na pravé straně pilotního prostoru. V případě použití sedacího padáku bylo možno polštář sedačky vyjmout. Pedály nožního řízení bylo možno trubkovým křížem na podlaze nastavit v rozmezí 80 mm. Za letu pilot mohl nastavit stabilizační ocasní plochu pomocí ovládacího kola na levé straně pilotního prostoru. Pilotní prostor prvních tří tzv.verzí B–534 byl otevřený a okraje měl chráněny koženým lemem. Zepředu pilota chránil třídílný čelní štítek z plochého plexiskla. K zakrytí pilotního prostoru byl vyvinut zvláštní kapkovitý kryt.

Pilotní prostor B–534 tzv. čtvrté verze a Bk–534 měl překryt z plexiskla Rhodoid o síle 4 mm. Jeho štítek byl zaoblený, vyrobený z jednoho kusu. Střední část překrytu kabiny se odsouvala dozadu a mohla být zajištěna v libovolné poloze, případně demontována. Kabinu vytápěl teplý vzduch, přiváděný od chladiče vody.

Trup za pilotní kabinou tvarovala do eliptického průřezu dřevěná karosérie, potažená plátnem a uchycená na vlastní příhradovou konstrukci. Zadní část trupu měla opět panely s kontrolními krytkami.

Křídla měla shodný úhel náběhu 1,5°. Horní bylo přímé, spodní mělo kladné vzepětí 2,1°. Kostra křídel byla dvounosníková. Ocelové nosníky byly spojeny žebry z nerezového plechu a navíc vyztuženy ocelovými dráty. Žebra sama měla trubkovou výztuhu, v místech připojení vzpěr je doplňovala pomocná výztuha. Ve spodním křídle byla lože pro umístění kulometů, na spodní straně kování pro instalaci pumových závěsníků a pro nosič osvětlovacích raket. U Bk–534 byl baldachýn upraven pro umístění dvou navzájem propojených spádových nádrží paliva, z nichž každá měla objem 65 l. Potah křídel byl plátěný, doplněný plechem na náběžných hranách, na styčných plochách horního křídla s křidélky a na spojení baldachýnu s vnějšími částmi horního křídla (u Bk–534 kryl plech celý baldachýn). Na spodním křídle kryly plechové panely také jeho spojení s trupem, montážní otvory a prostor kulometů v křídlech letounů prvního provedení. Pokud byly kulomety instalovány, vystupovaly panely z povrchu křídla, pokud nikoli, kryly se s ním. Horní křídlo spojovaly s trupem a se spodním křídlem dvě dvojice vzpěr tvaru N. Zprvu se vyráběly z kruhových ocelových trubek a byly profilovány plechovými kryty, později byly profilovány do potřebného průřezu samotné trubky. Profilovány byly i výztužné dráty mezi křídly, připojené stejně jako vzpěry ke křídlům i k trupu kloubově. Křidélka, umístěná pouze na horním křídle, měla kostru z ocelových trubek a plátěný potah. Byla staticky i aerodynamicky vyvážena, ovládaná táhly, zčásti trubkovými.

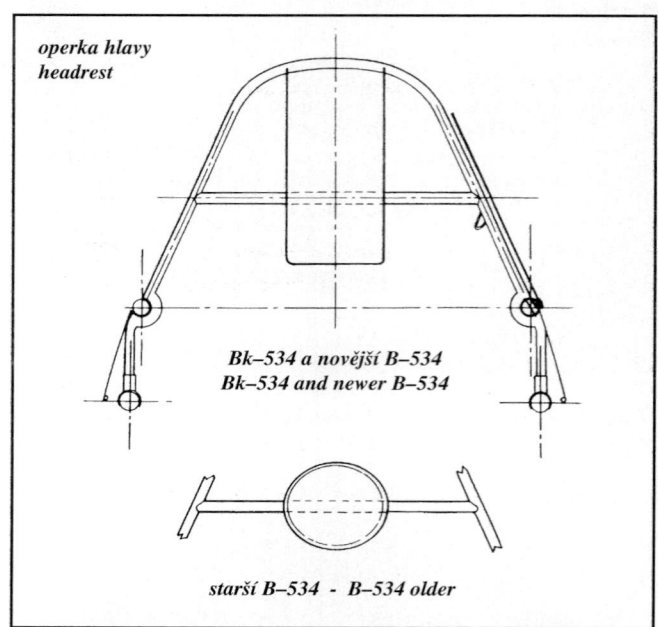

Bk–534 a novější B–534
Bk–534 and newer B–534

starší B–534 - B–534 older

The cockpit of the B–534 of the fourth version and of the Bk–534 had a canopy made of the Rhodoid organic glass of 4mm thickness. The unarmoured rounded windshield was single–piece, single–curvature. The rear–sliding canopy could be locked in any position or removed altogether if needed. The cockpit was heated by warm air ducted from the underbelly water radiator.

Fuselage turtledeck and belly was shaped to the oval section by fabric–covered wooden fairings, which were attached to the metal girder structure.

The wings, both upper and lower, were attached to the fuselage at 1,5 deg. positive incidence. The upper wing was straight, the lower had 2,1 deg. dihedral. The wings were of two – spar, built–up rib structure. The spars were interconnected by stainless–steel sheet ribs, and braced with steel wires. The ribs were tube–reinforced, strengthened by auxiliary brackets at the attachment points of struts.

The lower wing carried the wing–gun mounting brackets, the attachment fittings for the bomb–racks and for the illumination rockets on the underside. The Bk–534's upper wing cabane section was modified to take two interconnected gravity–feed fuel tanks of 65 litre capacity each.

The wings were fabric covered, reinforced at the leading edges, the edges of aileron cut–outs and at the cabane section / upper wing joint with light alloy sheet. On the Bk–534's the whole upper–wing cabane section was metal–covered. On the bottom wing the metal panels covered the wing/fuselage joint, the inspection holes and, on the first version, also the machine–gun compartment covers. In case the MG's were installed, the panels were bulged and protrud-

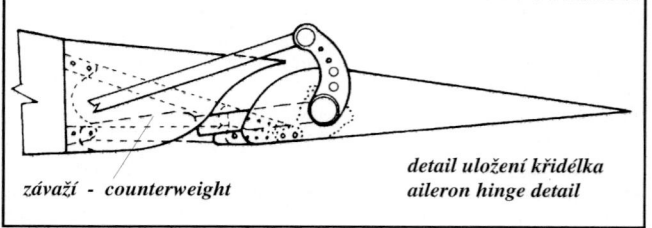

závaží - counterweight   *detail uložení křidélka aileron hinge detail*

Detail připojení ocasních ploch k trupu. Před vodorovnou ocasní plochou je vidět stupnice úhlu nastavení.(sbírka M. Balouse)
Detail of attachment of empennage to fuselage. In front of the horizontal stabilizer the scale for adjustment of its angle of incidence is visible. (M. Balous' collection)

Ocasní plochy měly rovněž ocelovou konstrukci s plechovým potahem na náběžných hranách a plátěným na zbytku. Stabilizátor, vyztužený dvojicí vzpěr na každé straně, bylo možné za letu nastavit v rozsahu + 2,5° až – 2°. Kýlovka byla nastavitelná pouze na zemi, v rozsahu až 35 mm doprava. Směrová i výšková kormidla byla staticky a aerodynamicky vyvážená a ovládala se ocelovými lany. Podvozek o rozchodu 1,9 m měl hlavní nohy z ocelových trubek podepřeny dvěma vzpěrami. Hlavní nohy i otočná ostruha byly vybaveny olejopneumatickými tlumiči Avia a celý podvozek byl zajištěn pro pád z výšky 650 mm. Hlavní kola s pneumatikami Dunlop o tlaku 3,5 atm měla rozměr 850 x 150 mm (případně 800 x 150 mm) a jejich pneumatické brzdy se ovládaly páčkou na řídící páce. Kluznou patku ostruhy na letounech od kusového čísla 194 výše nahradilo již kolečko z tvrzené gumy o rozměrech 160 x 80 mm, někdy montované i na letouny nižších kusových čísel. Kola a ostruhové kolečko i kluznou patku bylo možno nahradit lyžemi.

ed above the wing, in case the MG's were absent, the panels flush with the upper surface of the bottom wing were used.

The upper wing was joined to the fuselage and to the lower wing by two pairs of N–shaped struts. The struts were initially of circular–section steel tube, streamlined by light–alloy sheet fairings, later they were made of teardrop–section steel tubes. Also the reinforcing wires between the wings were of streamlined section. Both struts and the wires were connected to the wings and fuselage by universal joints.

The ailerons, fitted to the upper wing only, were of fabric–covered steel–tube frame. They were statically and dynamically balanced and their control was achieved by push – pull rods. Some of the rods were tubular.

The empennage was of braced steel tube structure with metal sheet skinning of the leading edges and with fabric covering overall. The horizontal stabilizer, inflight–adjustable from + 2,5 deg. to –2 deg., was braced with a pair of struts on each side. The vertical fin was ground–adjustable only, to a maximum offset of 35 mm to starboard, measured at its leading edge/fuselage junction. The elevator and rudder were statically and dynamically balanced and were controlled by steel cables.

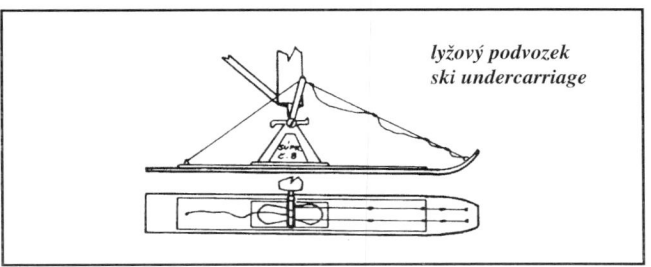

The undercarriage was fixed, of tailwheel/ skid layout, with each of its main legs braced with two struts. The main legs and the tailwheel /tailskid were fitted with Avia hydropneumatic shock absorbers, the whole undercarriage was designed for vertical impact from 0.65 m heigth. It had 1,9 m track (at full loaded weight). The wheels with Dunlop tyres, inflated to 0,34 MPa (3,5 atm) were of 850 x 150 mm size, (eventually 800 x 150 mm) and their pneumatic brakes were controlled by a lever on the control stick. Beginning with B–534.194, the skid/shoe assembly of the tail undercarriage unit was replaced on the production line with a hard–rubber tailwheel of 160 x 80 mm, which was retrofitted to earlier–built machines as well. The wheels and tailskid/tailwheel could be replaced with skis.

The powerplant, the Hispano Suiza HS–12Ydrs (the HS–12Ycrs on the Bk–534) was a 12 cylinder Vee, liquid–cooled inline engine. It was produced by the Avia and by the ČKD engineering concern under licence as the Avia (ČKD) 12Ydrs (Ycrs). It was equipped with a blower (compressor) and reduction gear of 2:3 rate. The swept volume of cylinders was 36,05 litres, its nominal output was 478 kW (650 HP), maximum short –duration (2 minutes) output at sea level was 552 kW (750 HP) and 625 kW (850 HP) at 3000 m for 30 minutes. Under optimum conditions the maximum dash output was 633 kW (860 HP). The fuel was delivered by the AM rotary fuel pumps directly to the six Solex carburettors.

The engine was water–cooled, the circulation being provided by a water pump. The water quantity normally required was 73 litres, filled through the expansion tank located between the cylinder banks and cooled in the underbelly radiator. The oil cooler, whose 38litre tank, carried in front of the cylinders, had an ČKD electric heater of 500 W installed, was also located there.

The engine was started by compressed air from a bottle, connected to a coupling at the starboard fuselage side, behind the pilot's seat. The Vieth starter was provided and the Bosch shielded magnetos provided the ingnition voltage. The take–off was possible once the minimum 40 deg. C oil temperature was reached.

The engine drove either a wooden Avia airscrew or a dural Letov Hd–43 airscrew of 3,1 m diameter. The wooden airscrews were usually fitted to the B–534's of the first three versions, the metal

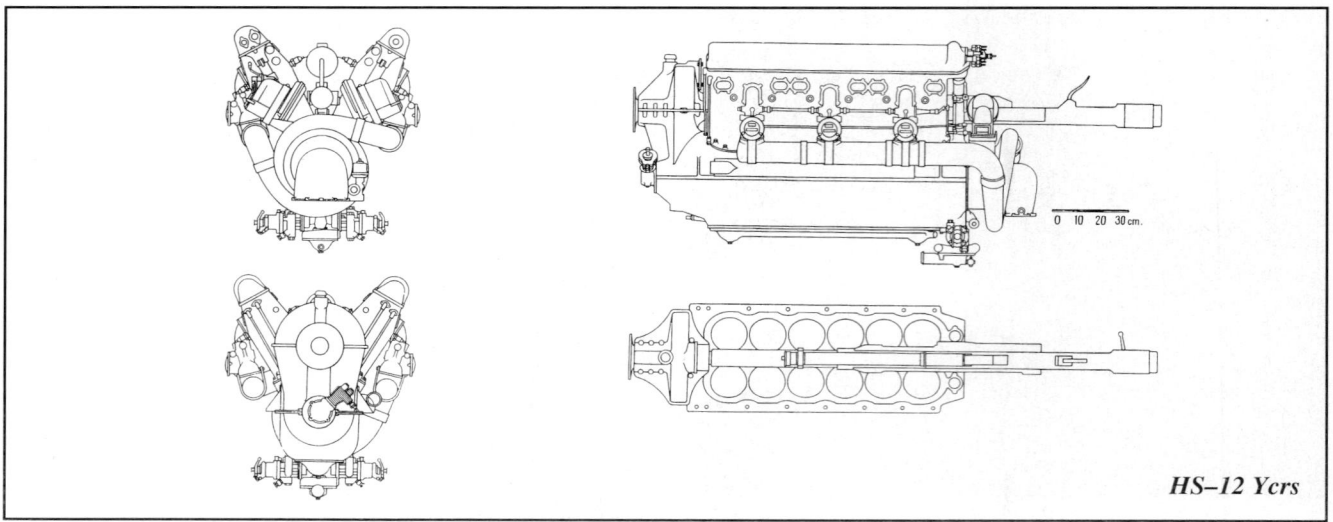

HS–12 Ycrs

Motorová skupina. Motor Hispano Suiza HS 12Ydrs (verzi Bk–534 poháněl HS 12Ycrs) byl dvouřadový, kapalinou chlazený dvanáctiválec s válci uspořádanými do V. Licenčně ho vyráběla Avia a ČKD pod označením Avia (ČKD) 12Ydrs (Ycrs). Motor byl vybaven kompresorem a reduktorem s poměrem otáček 2:3. Objem válců činil 36,05 l, normální výkon 478,075 kW (650 k), přízemní 551,625 kW (750 k) po dobu dvou minut a ve výši 3 000 m 625,175 kW (850 k) po dobu třiceti minut. V optimálních podmínkách dosahoval krátkodobě maximálního výkonu 632,5 kW (860 k). Dvě rotační čerpadla AM čerpala palivo přímo od šesti karburátorů Solex. Motor byl chlazený vodou, jejíž oběh v instalaci zajišťovalo vodní čerpadlo. Šlo celkem o 73 l vody, plněné do nádrže mezi válci motoru a ochlazované v tunelovém chladiči na spodní části trupu. Tam se nacházel i chladič oleje, jehož nádrž o objemu 38 l, umístěná před válci motoru, měla vestavěný elektrický ohřívač ČKD 500 W. Motor se spouštěl stlačeným vzduchem z lahve, zapojované do šroubení po pravé straně trupu za pilotovou sedačkou. Startér byl typu Viet a zapalování obstarávala stíněná magneta Bosch. Start se mohl uskutečnit po zahřátí oleje na teplotu 40°C. Motor poháněl buď dřevěnou vrtuli Avia, nebo kovovou Letov Hd–43 o průměru 3,1 m. Dřevěnými vrtulemi s kováním a bandážemi byly obvykle vybaveny B–534 prvních tří "verzí", kovovými B–534 čtvrté "verze" a Bk–534. Kovové na zemi stavitelné vrtule Letov se však vyjímečně objevovaly i na B–534 z prvních objednávek a někdy naopak se na B–534 čtvrté "verze" užívaly dřevěné vrtule Avia.

Motor Hispano Suiza Hs 12Ycrs (c=cannon=kanón) (sbírka J. Janečky)
Hispano-Suiza HS-12Ycrs (c=cannon, r=geared, s=supercharged). (J. Janečka's collection)

ones to the B–534's of the fourth version and to the Bk–534. The metal, ground–adjustable Letov airscrew appeared occassionaly also on the B–534's of first version and, vice versa, the wooden Avia airscrews were fitted to machines of the fourth version of the B–534.

Armament consisted of guns and bombs. The gun armament was made up of two machine guns in the fuselage and two in the lower wing. Beginning with the c/n 48 it was reduced to only two fuselage-mounted machine guns; the wing guns were gradually removed also from the machines which were originally equipped with them. From c/n 102 onwards the number of fuselage guns grew to four.

Otevřené žaluzie chladiče (Sbírka J. Janečky)
Open louvres of the oil cooler (Janečka's collection)

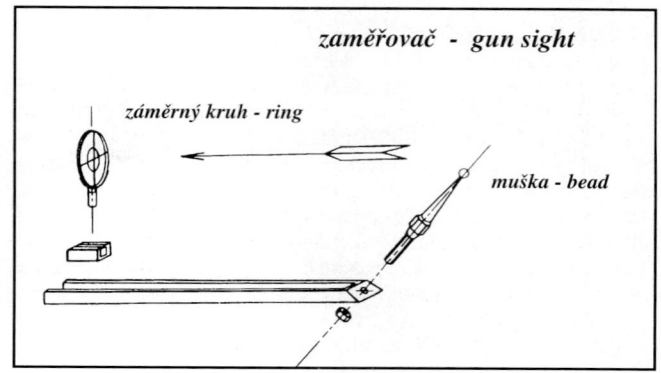

Konstrukce pilotního prostoru a uložení trupového kulometu u B-534 první verze...

Layout of the cockpit and the mounting of the fuselage machine gun of the first-version B-534...

Výzbroj letounů B–534 sestávala nejprve ze dvou kulometů v bocích trupu a dvou ve spodním křídle. Od kusového čísla 48 byla výzbroj redukována na dva trupové kulomety, přičemž se postupně křídelní kulomety demontovaly i na letounech s nimi dodaných. Od kusového čísla 102 a výše se počet trupových kulometů zvýšil na čtyři. Původně se jednalo o kulomety vz. 28, postupně nahrazované na všech B–534 modernějšími vz. 30, vždy se synchronizátorem vz. Samek.

Zbraně měly shodnou ráži 7,92 mm. Jejich spouště v oku řídící páky byly zprvu elektrické, později mechanické. Zaměřovač byl mřížkový, umístěný na hřbetě trupu před čelním štítkem. Bk–534 byla vyzbrojena dvěma kulomety vz. 30 na bocích trupu, třetí, uložený mezi bloky válců, střílel skrz dutou hřídel reduktoru vrtule. Původně plánovaný 20mm kanón Oerlikon FFS–20 sériové letouny nenesly. Křídelní kulomety prvních letounů bylo možno natahovat pouze na zemi, trupové se natahovaly pákami na závěrech zbraní přímo v kabině. Kulomet nad motorem Bk–534 se ovládal táhlem umístěným přímo pod hlavní přístrojovou deskou. Zásoba střeliva u trupových kulometů činila 250 nábojů na hlaveň a mohla být řádným uložením zvýšena až na 300 nábojů. Křídelní kulomety měly pro každou hlaveň 250 nábojů. Na horní plochu spodního křídla bylo možné upevnit fotokulomet, na spodní plochu šest závěsníků typu Pantof vz. 35, schopných nést pumy po 10 kg (v případě Bk–534 po 8 kg). Alternativou byly čtyři pumy po 20 kg, nebo dvě skříňové bomby po 20 kg a jedna desetikilogramová puma po každé straně. Na kování tří závěsníků vz. 35 bylo možné upevnit závěsník vz. 37 pro jednu dýmovnici o obsahu 35 l. Noční stíhací B–534 mohly být vybaveny osvětlovacími raketami Holt na nosiči pod pravou polovinou spodního křídla. Kováním pro tento nosič se zpětně vybavovaly i některé starší B–534. Výstroj sestávala zejména z radiostanice, hasícího přístroje, dýchače a signální pistole. Radiostanice vz. 35 byly předepsány, instalovaly se však jen do některých letounů. Podle toho, zda měly sloužit pro spojení se základnou, či jen mezi letouny v roji, se natahovala i anténní síť celá, nebo jen zčásti. Oka pro připojení lanek antén byla na náběžná hraně kýlovky, pravé vnitřní vzpěře, levé noze podvozku a pod zádí trupu, spojení antén s radiostanicí bylo vedeno do otvorů, mírně vystupujících ze hřbetu a do břicha trupu za pilotním prostorem. Signální pistole s deseti raketami byla umístěna po pravé straně pilotovy sedačky. Automatický hasící přístroj Kubát vz. 30 obsahoval 8 kg tetrachloru pod tlakem 10 atm. Dýchače byly sice předepsány, zdaleka však nepatřily k běžné výstroji B–534. Pokud v nich byly instalovány, šlo o různé typy, teprve koncem 30. let se sjednocovaly na vz. 37, vyráběném firmami Fritsch Eckhardt v Chotěboři a později též bří Vinopalové v Praze. ❏

The originally–installed machine guns vzor 28 (vz.28, i.e. model 28) were replaced gradually in all B-534's by the more advanced vz. 30 MG's. Both weapons were of 7,92mm calibre. Their trigger in the circular grip of the control stick was originally electrical, later on replaced with a mechanical one. The gun sight was of ring and bead type, located on the top of the fuselage in front of the windshield. The fuselage machine guns were synchronized to fire through the airscrew arc by a Samek synchronizer.

... a u druhé a následujících strojů .(sbírka J. Janečky)
... and on the second- and subsequent versions. (J. Janečka's collection)

The Bk–534 was armed with two vz. 30 machine guns in fuselage sides and with a third weapon of the same calibre, firing through the hollow airscrew reduction gearbox shaft. The intended Oerlikon FFS–20 20mm cannon were never installed to series–built machines.

The weapons were charged as follows – the wing guns could be charged only on the ground, the fuselage guns were charged by levers on the breech blocks that protruded into the cockpit. The engine–mounted gun of the Bk–534 was charged by a pull–rod, located under the instrument panel. For the fuselage mounted guns 250 rpg was carried; this number could be increased to 300 rpg by carefully laying–up the ammunition belts in their boxes. The wing guns carried 250 rpg.

The lower wing could be fitted with a cine–gun and six Pantof vz. 35 bomb racks, capable to carry bombs of 10kg each (of only 8kg each on the Bk–534). The alternate armament consisted of a combination of two cluster bombs of 20 kg each and of one 10kg bomb under each wing. A vz. 37 rack for one smoke generator of 35 litres capacity, for laying of smoke screens over battlefield, could be attached to the fittings for the bomb racks. The night fighting Bn–534 could be equipped with the Holt illuminating rockets in a mounting under the starboard lower wing. The brackets for this mounting was fitted also to some older B–534's.

The equipment consisted especially of the R/T set, the fire extinguisher, the oxygen breathing apparatus and of the rocket pistol.

The vzor 35 wireless set was to be a standard fit to all B–534 aircraft, but it was actually installed to some machines only. According to the type of communication, i.e. among the aircraft in flight or between the aircraft and ground, also the antenna system was installed fully or partially. The eyes for attaching the antenna cables were located on the vertical fin leading edge, on the starboard inner wing strut, port undercarriage leg and under the fuselage tail end, the antennae were led in to the R/T set, located behind the cockpit, via insulators, protruding slightly above the fuselage contour.

The rocket signal pistol with ten rounds was located to the right of the pilot's seat.

The vz. 30 automatic fire extinguisher, made by Kubát company, contained 8 kg of tetrachlormethane pressurized to 1 MPa (10 atm). The oxygen apparatus was to be fitted as a rule, but, alas, it was by far a non–standard item of equipment. If installed at all, miscellaneous types were used, and only towards the end of the thirties they were standardized as the vz.37 breathing apparatus, produced by the Fritsch / Eckhardt company in Chotěboř and later also by the Vinopal brothers company of Prague. ❏

Hlavní technické údaje

	B–34		B–534			Bk–534	B–634
	prototyp	série	1. prototyp	1. verze	4. verze		
Rozpětí (m) Wingspan	9,40	9,40	9,40	9,40	9,40	9,40	9,40
Délka (m) Length	7,25	7,25	8,10	8,10	8,10	8,19	8,20 *)
Výška (m) Height	2,70	2,92	3,10	3,15	3,15	3,15	3,10
Nosná plocha (m²) Wing area	24,00	24,05	25,84	23,56	23,56	23,56	–
Hmotnost prázdného letounu Empty weight (kg)	1150	1305	1387	1385	1460	1631	1595 *)
Vzletová hmotnost (kg) Take off weight	1700	1812	1985	1913	1980	2222	1910 *)
Max. rychlost (km/h) Max. airspeed	315	300	363	353	380	375	410
Stoupání na 5000m Climb (min/sec)	10,30	12,00	5,30	5,30	5,30	5,30	5,40
Dostup (m) Ceiling	7500	6500	10000	10000	10600	9500	9500
Dolet (km) Range	750	700	510	600	600	500	500

*) Údaje pro první provedení. Po přestavbě délka 8,35 m, vzletová hmotnost 2200 kg.